沟通的艺术

跟任何人都聊得来

谢 普 编著

版权所有　侵权必究

图书在版编目（CIP）数据

跟任何人都聊得来 / 谢普编著 . -- 长春：吉林出版集团股份有限公司，2020.6

（沟通的艺术）

ISBN 978-7-5581-8646-2

Ⅰ.①跟… Ⅱ.①谢… Ⅲ.①心理交往－语言艺术－通俗读物 Ⅳ.① C912.13-49

中国版本图书馆 CIP 数据核字（2020）第 091268 号

前　言

在当下，说话和表达能力在人际交往中日渐被重视，一个人只有把话说好，才有好人缘。

说好话是一门学问，是一种智慧，更是一种生活态度的体现。古人云："一言兴邦，一言丧邦。"而在当代社会，同样也有"一句话可以让人笑，一句话也可让人跳"。这些名言表达的正是说话在我们的人际交往中的重要作用。会说话的人，在人际交往中左右逢源、如鱼得水，而不会说话的人，在人际交往中左右受限、寸步难行。

学过历史的人都知道，春秋战国时期，社会极其动荡不安，各诸侯国之间为了各自的利益，不断攻伐，战事频仍。然而乱世出英才，这个时候涌现出了不少以雄辩闻名的外交家、纵横家，他们用那三寸不烂之舌，周旋于列国之间，挽狂澜于既倒，弭战事于无形。他们用自己的"言论"报效国家，令人敬佩。这让人不禁想起那句："一言之辩，重于九鼎之宝；三寸之舌，强于百万之师。"

我们天天说话聊天，不见得就能熟能生巧，个个练出好口才。朱自清在《说话》一文中说："人生不外言动，除了动就只有言，所谓人情世故，一半儿是在说话里。"朱自清夸张了吗？并没有。毫无疑问，口才高手会比别人赢得更好的人缘与更多的机会。他们一开口，世界就是他们的。

社交、面试、辞职、道歉、见客户，甚至安抚朋友，都需要你懂得沟通的艺术。本书通过"所谓情商高就是会说话""回话的艺术""跟任何人都聊得来""别输在不会表达上""说话心理学"五个角度，破解阻碍沟通的隐形密码，让每一次对话都直抵问题核心；精巧布置的说服模式，让对方在不知不觉中被你说服。本书就是这样的社交沟通经典读物，它能教会你在不同的时间、地点、场合，对不同的人说出得体的话语，让你的人生从此顺遂很多。

目　录

第一章　巧用赞美，交谈才会更有趣

赞美要遵循什么原则 …………………………………… 2
赞美也是有尺度的 ……………………………………… 5
赞美不当只会适得其反 ………………………………… 10
如何用赞美替代批评 …………………………………… 14
赞美是意想不到的报酬 ………………………………… 21
用欣赏的眼光了解别人 ………………………………… 27

第二章　微笑的魅力，让自己变得有趣

爱笑的人永远最受欢迎 ………………………………… 32
微笑的要求和原则 ……………………………………… 38
面部表情最能吸引对方 ………………………………… 40
微笑是世界上最美的语言 ……………………………… 43

微笑是零距离交往的明信片 ……………………………… 48

第三章　学会倾听，找到共同的兴趣点

听人讲话也是一门艺术 ……………………………… 54
教你掌握倾听的十项规则 …………………………… 59
教你掌握倾听的"八戒" …………………………… 63
听人炫耀也是一种尊重 ……………………………… 67
听话听音才能知晓别人的意图 ……………………… 70
怎么才能提高自己的倾听能力 ……………………… 72
言辞在精不在多，说话的七疑八忌 ………………… 77
话说三分留七分，言多必有失 ……………………… 82
有时候沉默比说话更能说服人 ……………………… 86

第四章　周旋的学问，挑战我们心中的假设

"兜圈子"的说话艺术 ……………………………… 90
怎么才能巧妙化解尴尬 ……………………………… 94
求人办事的"软磨硬泡"法 ………………………… 99
"谢谢"并不仅仅是客套话 ………………………… 103
办事交谈过程中的七大禁忌 ………………………… 105
宽容和尊重才是最好的相处方式 …………………… 109
多讲小故事，少说大道理 …………………………… 113

用自身经历说服对方 ………………………………… 119

第五章 拒绝的艺术，正确应对棘手的交谈

拒绝别人的艺术 ………………………………………… 124
委婉拒绝都有哪些技巧 ………………………………… 128
职场中如何巧妙说"不" ……………………………… 132
拒绝也要选择正确的时机 ……………………………… 137
怎么才能拒绝不合理的邀请 …………………………… 141
爱惜自己的人格，勇于说"不" ……………………… 144
"不"也可以不明说 …………………………………… 148
拒绝也要顾及对方尊严 ………………………………… 150

第一章
巧用赞美,交谈才会更有趣

赞美是这世界上最美的语言,恰当的赞美能让人心旷神怡,化敌为友。当你学会用欣赏的眼光看待别人,用真诚的赞美去评价别人时,你会发现,自己也得到不少赞美的愉快体验。

赞美要遵循什么原则

从社会心理学角度来说，赞美是一种有效的交往技巧，能有效地缩短人与人之间的人际心理距离。但在现实生活中，有相当多的人不习惯赞美别人，由于不善于赞美别人或得不到他人的赞美，从而使我们的生活缺乏许多美的愉快情绪体验。总体来说，正确的赞美一般都遵循了以下几个原则：

1. 真实的情感体验

这种情感体验包括对对方的情感感受和自己的真实情感体验，要有发自内心的真情实感，这样的赞美才不会给人虚假和牵强的感觉。带有情感体验的赞美既能体现人际交往中的互动关系，又能表达出自己内心的美好感受，对方也能够感受你对他真诚的关怀。英国专门研究社会关系的卡斯利博士曾说过：大多数人选择朋友都是以对方是否出于真诚而决定的。如果你与人交往不是真心诚意，那么要与他人建立良好的人际关系是不可能的。

2. 符合场景

小青自己经营一家公司，每天接待客户，还要管税务和财物，忙得不可开交。生活真是让她忙得没有照顾自己的时间，一丝伤感总是悄然袭上心头。合作伙伴刘峰看到她的眼神和举动，走上前去，递给她一杯香浓的咖啡，"休息一会儿，小青，你永远是最美丽和能干的！"小青喝下了咖啡，同时心头的阴影也因此一扫而空！

正是因为和对方此情此景之时的想法合拍，刘峰一句简单的话就起到了他所要达到的效果。

3. 用词得当

注意观察对方的状态是很重要的一个过程，如果对方恰逢情绪特别低落，或者有其他不顺心的事情，过分的赞美往往让对方觉得不真实，所以一定要注重对方的感受。某单位小刘，一次见自己的同事小王和夫人在散步。小王长得老相，而夫人却保养得很好，显得十分年轻。由于小刘是第一次见到小王的夫人，为了留下良好印象便对她赞美说："王夫人好年轻啊，看上去比小王小二十岁，若是不知情的人，准以为你们是父女……"话未说完,小王就说:"你胡说什么呀。"说完,顿足而去。小王之所以这样,就在于小刘赞美不当。

可见,赞美别人要有正确的方法,否则就适得其反。

赞美也是有尺度的

赞美是一种堂堂正正、光明正大的处世艺术。但如果不能很好地把握赞美的尺度，就不能实现赞美的目的，也收不到良好的效果，甚至会适得其反。在赞美他人时我们应该掌握如下几个方面：

1. 要得体不可过于夸张

夸张是语言的一种修辞方法，在赞美他人时适当地夸张一点能够有利于表达自己的感情，对方也乐于接受，但过分夸张就有阿谀奉承、溜须逢迎之嫌。赞美要发自内心、真心实意。言不由衷或言过其实，对方都会怀疑赞扬者的真实目的。

比如：董明新婚，娶了一个漂亮的妻子，大家都夸他妻子漂亮，董明心里也美滋滋的。他夸张地对妻子说："你真漂亮，自从我娶了你之后，连电视都不想看了。"电视中美女如云，不可能个个都比不过他妻子，可董明的赞美却博得了妻子的欢心。

夸张总归是夸张，如果夸张过度，赞美也就变了味。过分的夸张往往使赞美脱离了实际情况，让人感觉到缺乏真诚的东西。真诚的赞美应该是最朴素的，有所保留的。越是知己，赞美对方就越不应该过分夸张和矫揉造作，有涵养的人都喜欢自然朴实的赞美。对于一般知识分子，你夸他智力超群，独树一帜，会令人生厌；对长相一般的女性，你夸她美貌过人，她会认为你在讽刺她。

2. 要新颖

赞美要给人一种美的享受，语言要力求新颖、不落俗套，避免陈词滥调。

（1）避开套词俗语。一些刚刚走入社会的青年没有社交经验，他们总是把从故事书中看来的诸如：久仰大名、如雷贯耳、百闻不如一见、生意兴隆、财源茂盛等俗不可耐、味同嚼蜡的恭维词作为赞美之词来恭维他人。这种公式化的套词，使人感觉对方缺乏诚意、玩世不恭，给人留下不值得深交的印象。

（2）切忌盲目模仿。一些人在公共场合赞美别人时，自己想不出怎样赞美，只能跟别人说重复的话，附和别人的赞美。常言道："吃别人嚼过的肉不香。"古时候，朱温手下就有一批喜欢鹦鹉学舌拍马的人。一次，朱温与众宾客在大柳树下小憩，独自说了句："好大柳树！"宾客为了讨好他，纷纷起来互相赞叹："好大柳树。"朱温看了觉得好笑，又道："好大柳树，可做车头。"实际上柳木是不能做车头的，但还是有五六个人互相赞叹："可做车头。"朱温对这个鹦鹉学舌的人烦透了，厉声说："柳树岂可做车头！我见人说秦时指鹿为马，有甚难事！"于是把说"可做车头"的人抓起来杀了。

（3）避开公认特长。每个人都有一技之长，大家往往都很容易发现这一点，赞美某专长的人也最多，时间长了，被赞美的人听腻了，对这方面的赞美也就不起作用了。

如：周女士是某大企业的法人。她把企业经营管理得非常优秀，业内人士都称赞周女士为"铁娘子"。一记者前去采访时对周女士说："董事长，大家都认为您管理精到，我倒是认为您身上更具有传统女性的魅力，善良、心细。"听到这番赞扬，周女士非常高兴，忙说："他们大家只看到我的表面，并不真正了解我。"记者的这番话得到周女士的好感，是因为她听到对管理水平高的赞美太多了，而这位记者称赞她的为人让她感到新颖。

3. 不要说外行话

赞美他人是对他人的认可和肯定。所以在赞美时，不能说外行话，要慎重选择赞美的角度，不要不懂装懂，落下笑柄。

有个年轻人本不懂诗，但一个偶然的机会，他有幸遇到了一位诗人。年轻人趁机恭维道："您的诗写得再好不过了，我读了好几遍也没读懂。"年轻人是只知其然而不知其所以然，这位诗人的诗写得好，但究竟好在哪里？年轻人就说了外行话，用读不懂来形容，简直是在亵渎诗人的作品。

要想不说外行话，在赞美时要注意：

（1）适可而止。有的赞美本来使对方很满意了，为了显示自己的欣赏能力，而过多地去赞美，往往会露出马脚，反而让对方感觉不好。所以，赞美别人时应有所保留为好，千万不要打肿脸充胖子，硬充内行。

（2）赞美行家可用模糊语言。行家比你要懂得多，没有必要在赞美时说得过细。比如：对书法家，称赞他们字写得好，可以说"你的字写得太好了，什么时候指点指点我"，这样即可，没有必要说他的字好在哪里。

（3）多类比自己熟悉的事物。

4. 多观察，不要犯忌讳

每个人都有自己的忌讳，人人都讨厌别人冲撞自己的忌讳。赞美他人时如不小心就会冲撞了对方，引起对方的反感，有的甚至招来怨恨。

如：小冯先天秃头。一天，大家在一起聊天，得知小冯的论文获奖了。小齐快嘴说道："你小子，真有你的，真是热闹的马路不长草，聪明的脑袋不长毛。"说得大家哄堂大笑，小冯脸也红了起来。

赞美他人的动机大多是良好的，但如果不把握好赞美的分寸、赞美的尺度，就会产生一些不良的后果。因此说掌握赞美他人的艺术需要我们在生活中多观察、多总结，只有这样，才能够准确恰当地运用它来达到我们与他人沟通的目的。

赞美不当只会适得其反

赞美他人作为一种沟通技巧，并不是随口说几句好听的恭维话就可奏效的。事实上，赞美他人也有一定的原则和技巧，"出口乱赞"，其结果只会适得其反。

我们看到，世界上一些小人、坏人没有多大能耐，碌碌无为，平庸异常，却歪曲地利用了赞美的艺术，靠着溜须拍马，阿谀奉承而青云直上、飞黄腾达。像李莲英用之于慈禧太后的奴才嘴脸，的确为他赢得了权力和金钱。这些小人、坏人颠倒了是非，混淆了黑白，模糊了堂堂正正的赞美与奴颜婢膝的奉承之间的界限。因此，我们更需要在观念上和方法上给赞美恢复公平、正义的本来面貌，让更多的人正确掌握和利用赞美，让这世界充满真诚、友爱，让溜须拍马者无处藏身。

但是，当赞美他人带有某种条件，而成为一种获利的方式时，赞美通常是起不了太大作用的。生活中有很多这样的情况，由于赞扬者的动机不纯，使赞美失去了作用。就像人们深恶痛绝的阿谀奉承、"吹喇叭""抬轿子"一样，一般明智的人总是很警觉的。"溢美之言"胡乱吹捧，尤其是赞美者希望通过赞美得到好处，听者的防范大多很明显。赞美也要讲究得当与否，赞美得当，则是真实语；赞美不当，就是妄语、欺世盗名之语。

赞美要有艺术，要能皆大欢喜，要能实至名归。故而我们赞美唐太宗，只说他勤政爱民；赞美武则天，只说她善于用人；赞美康熙帝，只说他善于融合种族。乃至对唐代的名相功臣，例如长孙无忌也只说他是一代良相，对魏徵则说他是有风骨的谏臣等。

近代画家张大千先生，留了一把很漂亮的胡子，人称"美髯公"。由于大家平日只知赞美他的胡子，反而不提他在艺术上的造诣，为此他甚感不悦。有一次，一群慕名者又在大加赞美他的胡子时，他终于忍不住说了一个故事：

三国时期，孔明六出祁山，希望找一位主帅。张飞的儿子张苞与关公的儿子关兴争相为帅。孔明难以决定，便要他们二人各自称赞父亲的功劳，以此作为标准。张苞说："我父亲大喝长坂坡，能斥退曹操的兵将，能义释严颜；在百万大军中取上将首级，更如探囊取物。"关兴因为口吃，一直想说其父关公的事迹，但又说不出来，只有结结巴巴地说："我父亲的胡子很长。"这时关公在云端显灵，生气地大骂：

"小子，你父亲过五关斩六将，诛文丑，斩颜良，一世的英名，你不知道赞美，只说胡子很长。"

因为赞美不当，因此就有此笑话。所以，佛教很重视赞美的修行，不但"礼敬诸佛"，还要"称赞如来"。然而赞美也要得当，否则不免令人有阿谀、逢迎之感，甚至还会如上述所说，徒然遗人笑柄，反为不美！

赞美他人首先必须真诚。每个人都珍视真心诚意，它是人际交往中最重要的尺度。如果你的赞美不是出于真心，对方就不会接受这种赞美，甚至怀疑你的意图。因为人性中有一个优点，就是"无功不受禄"。如果你毫无根据地赞美一个人，他不仅感到费解，还会莫名其妙，觉得你油嘴滑舌，有诡诈，想利用他，进而引起他对你的防范。所以在赞美他人时，为避免引起类似误会，你必须确认你所赞美的人"确有其事"，并且要有充分的理由去赞美他。比如一位你所熟悉的美貌女士，你可以对她说："你真美。"这样她可能会感激你对她的赞美；但如果你对一位其貌不扬的女士说这句话，则可能会引起她的反感。同样，如此赞美你所熟识的女性，对方会很愉快地接受，而你如果用这种方式去赞美一位陌生的路人，对方一定会怀疑你心术不正。因为你与对方素不相识，对方觉得你没有理由去赞美她。

赞美他人还必须诚心，对他人的优点和长处你必须是真心真意地佩服，虚情假意的赞美只能让人觉得你是在嘲笑或嫉妒他人。赞美时说具体效果就挺好，含糊其辞的赞美会引起混乱，并引起一些误会。空泛、含混的赞美因为没有明确的评价原因，常使人不能接受，而具体的赞美会使人觉得更加真诚友好。

其实，我们所主张的赞美，前面还有"衷心"两个字。衷心的赞美是发自内心的一种冲动，是人们在社会交往中从对方身上发现了符合自己理想和价值标准的美好之处，如风度潇洒、言谈优雅、品德高尚等。

心中产生了一种美感，才能促使自己要加以认同和赞赏。而吹捧和谄媚则完全不同，它不是发自内心地对别人的认可和钦佩，而是一种渴望回报的功利行为和"感情投资"。

真诚的赞美是实事求是的，是认为对方确实值得赞美才去赞美；虚伪的吹捧和谄媚则是言过其实，甚至无中生有的，是因为有求于人而言不由衷地讨好。弄清楚赞美与吹捧的区别，有利于我们克服赞扬别人时不必要的心理障碍。当我们在人际交往中，能够善于发现对方的长处，并恰到好处地给以赞美的时候，我们不但给别人带来了快乐，我们自己也从中收获了快乐和友谊。

如何用赞美替代批评

有些人专爱道人短长,他们善于挑剔别人的短处,却很少看见他人的长处;他们喜欢说人的坏话,很难说人家一句好话。

有些雇员常常议论他们的领导,说他只会大声训斥他们做错的事,却从来不会表扬他们。这种抱怨多得有些出乎人的意料,而且还是来自那些多年来忠心耿耿、努力工作的人。有经验的领导都会赞美他人,而不是一味地批评、指责和抱怨。如果你是真心地帮助别人,就用赞美代替批评,用鼓励代替抱怨吧,这样就会在他的潜意识里坚定自己成功的信念,同时他在内心里也有了反省的时机。

心理学家史基诺经由动物实验证明:"因好行为而受到奖赏的动物,其学习速度快,学习效果亦较佳;因坏行为而受处罚的动物,则不论学习还是学习效果都比较差。最近的研究显示,这个原则用在人身上也有同样结果。批评不但不会改变事实，反而只有招致怨恨。"另一位心理学家汉斯·席尔也说："更多的证据显示，我们都害怕受人指责。"因批评而起的羞愤，常常使员工、亲人和朋友的士气大为低落，并且对应该矫正的事实状况，一点也没有助益。

"以鼓励代替责备，以赞美代替呵斥。"这不但是教育上最好的方法，也是为人处世最妙的高招。

人与人相处，产生摩擦的原因很多，但主要的是因为责备太多，给予鼓励赞美太少。所以这是为人处世不成功的最大缺陷。

每人有两个眼睛，都是用来看人的：有的人专门看人的过失，看人的错误，看人的缺点，看人的不好之处；但就是看不到自己有什么不对。

人有一张嘴巴，有的人就是喜欢说人的不是，说人的缺点，说人的短处，甚至于诋毁他人。因为嘴巴的声音是讲给别人听的，自己不会听到。有些父母对子女责备过度，使子女远离他们而去；有些夫妻相互指责过多，婚姻就亮起了红灯；有的朋友之间只知道指责对方情义不够，却不肯自我检讨，如此要想结交患难道义之友，就很难了。

人之相处，也不是不能责备。春秋责备贤者，但必须是贤者，才能接受责备。没有力量的人，更需要给他以鼓励。马拉松赛跑需要很多的掌声，帮助那些参赛的运动员发掘本能的力量。国家的奖章、奖状、奖金以及各种荣誉,都是要给人鼓励的。

动物也喜欢听到主人的赞美和鼓励;树木花草也是要有和风雨露的滋润才能成长;灰心失意的人们可能会因为一句温言慰语,因而走上光辉灿烂的前途。

现在的社会,下属容易受到上级的指责。其实,在高位的人,由于不能满足大家的要求,他也会招致大家的责备。

过去,寺院里曾有一句话说:"当家三年狗也嫌!"因为责备太多,也可能会使人忘却了他曾做过的好事;甚至不当的鼓励,有时也会招致不良的后果。不过,我们还是宁可"用鼓励代替责备,用赞美代替呵斥",因为人毕竟还是希望受到鼓励、赞美,那我们又何必吝于给人一些赞美,以此来帮助别人、成就别人呢?

俄克拉荷马州的乔治·强斯顿是一家建筑公司的安全检查员,检查工地上的工人有没有戴安全帽,是强斯顿的职责之一。据他报告,每当发现有工人在工作时不戴安全帽,他便会用职位上的权威要求工人改正。其结果是,受指责的人常显得不悦,而且等他一离开,就又把帽子拿掉。

后来强斯顿决定改变方式。当他再看见有的工人不戴安全帽时,便问是否帽子戴起来不舒服,或是帽子尺寸不合适。并且他用愉快的声调告之工人戴安全帽的重要性,然后用商量的口吻提醒他们在工作时最好戴上。这样的效果果然比以前好得多，也没有工人显得不高兴了。

人们总会有做错事的时候，但有人在遇事时只会怨天尤人，就是不会责怪自己。我们也都曾有这样的时候。所以，明天你若是想责怪某人，请记得那些你曾经指责过别人却吃力不讨好的例子吧！让我们认清：批评就像家鸽，最后总是飞回家里。也让我们认清：我们想指责或纠正的对象，他们会为自己辩解，甚至反过来攻击我们，或者只是对你无奈地说："我不知道所做的一切有什么不对。"

假如你想引起一场令人至死难忘的怨恨，只要发表一点刻薄的批评即可。让我们记得：我们所相处的人，并不是绝对理想之人，而是充满情绪变化、成见、自负和虚荣的一群人。本杰明·富兰克林年轻的时候并不擅长交际，但后来却变得富有外交手腕，善与人应对，因而成了美国驻法大使。他的成功秘诀是："我不说别人的坏话，只说大家的好处。"

只有不够聪明的人才会批评、指责或抱怨别人，但是善解人意和宽恕他人，需要修养和自制的功夫。卡莱尔说过："伟人是从对待小人物的行为中，显示其伟大。"

常听到周围人抱怨：与朋友交往抱怨朋友不讲义气；乘坐公交车抱怨人多拥挤；购物抱怨营业员的态度冷冰冰；工作抱怨上司没有人情味；回家抱怨妻子没有做饭、抱怨孩子学习成绩不好……总是看到生活中的种种不快。其实,如果换一种心情看问题,将抱怨换成赞美,生活将是另一个天地。

有位作家以自己的亲身经历讲了一个真实的故事:

我因为工作关系,必须时常出入邻镇那家邮政所,并与该所某服务小姐经常接触。由于频频打搅,服务小姐虽未曾对我横眉冷目,但也从未给过好脸色,总是满脸不耐烦。

两个月后,我遇到以前关系相当不错的老邻居,言谈之间,得知我的邻居竟是那名服务小姐的顶头上司。我赶紧把握住眼前机会,狠狠地在邻居面前数落她一顿,发泄心中长久的不满,同时请邻居将我的不悦传到她的耳中。

第二次我再到邮政所办事时,她的态度果然大有改善。前脚才刚进门的我,被她史无前例地奉茶问好,吓了我一大跳。她还从抽屉拿出一本有利于我办事的书递给我,主动表明借我带回好好阅读。事后我将她态度改善的情形告诉邻居,感谢邻居把我埋怨她服务态度太坏的话转告她,让她痛改前非。

"不!我并没有把你的原话告诉她。"邻居出乎我意料地说,"其实我说的话正好相反,我告诉她你相当欣赏她的服务态度,因为很少有人能和颜悦色忍受你三番两次地打搅而不发脾气。"

邻居一席话,让我当场愣住,惊讶于将抱怨的话换成称赞,竟有如此效果,而且还事半功倍。显然用赞美的语言远比埋怨来得更令人动容!

这个故事让我想起卡耐基曾说过的一席话:"用你的表情、声调和动作来表示他犯了错误,你这样的表示就好比是当面告诉人家,他错了。但是你能够当面对着他说出他的错误吗?决不可!因为这样做会伤害了他的自尊、判断力和理智。如此,对方只会反击,也不会更改他的主张,即使用柏拉图或康德的理论去说服对方,也不会使他改变意见,因为你已经伤害他了。"

鲍伯·胡佛是个有名的试飞驾驶员,时常表演空中特技。有一次他从圣地亚哥表演完后,准备飞回洛杉矶。上升到100米高时,刚好有两个引擎同时出故障。幸亏他反应灵敏,控制得当,飞机才得以降落。虽然无人伤亡,飞机却已面目全非。

胡佛在紧急降落后,第一个工作是检查飞机用油。正如他所料,那架第二次世界大战的螺旋桨飞机,装的不是螺旋桨飞机应该用的航空汽油,而是喷气式飞机用的航空煤油。回到机场,胡佛要见那位负责加油的机械工。年轻的机械工早为自己犯下的错误痛苦不堪,一见到胡佛,眼泪便沿着面颊流下。他不但毁了一架昂贵的飞机,甚至差点造成三人死亡。

你可以想象出胡佛的愤怒。这位自负的飞行员,显然要为险些让他丢掉性命的加油工大发雷霆,痛责一番。但是,胡佛并没有责备那个机械工人，只是伸出手臂，指着那个工人的肩膀说道："为了证明你不会再犯错，我要你明天帮我的 F-51 飞机再加油。"

让我们尽量去了解别人，而不要用责骂的方法！让我们尽量设身处地地去想：他们为什么要这样做？这比起批评责怪还要有益和有趣得多，而且让人心生同情、忍耐和仁慈。

事实上，夫妻、家人、同事之间相处也是如此。如果多想想对方的优点，将埋怨换成赞美，很少人会因此勃然大怒或恶言相向的。所以，多多赞美你的朋友与家人吧！

林杰波先生在他的报告里说过这样一段话："我们决定以称赞别人来代替挑剔别人的过失。当我们看到他们做的都是负面的事情时，这非常不容易做到，要找些事情来赞许，真的是很难。我们想办法去找他们值得赞美的事情，而他们以前所做的那些令人不高兴的事，真的不再发生了。接着，他们一些别的错处也消失了，他们开始照着我们的赞许去做。他们竟然超乎寻常，乖得连我们也不敢相信。当然他们并没有一直坚持下去，但总比以前要好得多了，现在我们不必再像以前那样纠正他们。孩子们做对的事要比做错的事多得多，这些全是赞美的功劳，即使赞美他们最细微的进步，也比斥责他们的过失要好得多。"

赞美是意想不到的报酬

有人说,赞美是一小笔投资,只需片刻就能得到意想不到的报酬。这话有些道理,但似乎又有太多的实用主义的味道。赞美不应该仅仅是为了回报,它应该是沟通情感、表示理解的方式,如同微笑一样,也是照在人们心灵上的阳光。

有些人对当面称赞别人不好意思,甚至讨厌这种做法。这可能是因为从传统心理上说,人们习惯把当面赞美看成是阿谀奉承,把称赞与吹捧视为同物了。另一种可能就是当你观察别人对他人的赞美时,你认为他人不配享受如此美誉,那就一定是在给人戴高帽子了。

我国清朝出现过一部《一笑》的书,里面记载了这样一则笑话:

古时有一个说客,当众夸口说:"小人虽不才,但极能奉承。平生有一愿,要将一千顶高帽子戴给我最先遇到的一千个人,现在已送出了999顶,只剩下最后一顶了。"

一长者听后摇头说道:"我偏不信,你那最后一项用什么方法也戴不到我的头上。"

说客一听,忙拱手道:"先生说得极是,不才从南到北,闯了大半辈子,但像先生这样秉性刚直、不喜奉承的人,委实没有!"

长者顿时手持胡须,扬扬自得地说:"你真算得上是了解我的人啊。"听了这话,那位说客立即哈哈大笑:"恭喜恭喜,我这最后一顶帽子刚刚送给先生你了。"

这只是一则笑话,但它却有深刻的寓意。其中除了那位说客的机智外,更包含了人们无法拒绝赞美之辞的道理。之所以如此,最主要的原因便在于赞美能使他人得到满足。如果你能以诚挚的敬意和真心实意的赞扬满足一个人,那么他可能会变得更愉快、更通情达理、更乐于协力合作。

人们在被称赞时往往表现得很窘迫,也是使别人不好意思轻易赞美人的原因。人们喜欢被别人称赞,但又不知如何得体地接受。对于我们这个民族比较含蓄的习惯来说,如何接受称赞似乎更复杂一些。美国人在被称赞时说声"谢谢"就可以了,而我们如简单地说"谢谢"就会被认为有点骄傲,而说"哪里""过奖""言重"似乎又有些言不由衷。类似的矛盾心理会以言行不统一的形式表现出来,就是口说"不敢当",而脸上放光,手足失措,既高兴又掩饰。这种心理影响了人们对称赞的使用。

其实我们应该抛弃一些偏见和传统的观念，以一种全新的理念来理解赞美的意义。赞美他人不仅对他人产生积极的影响，对自己也会有积极的促进作用，这是我们在本书里反复讲述的一个观点。

总之，不论对任何人，都应该根据他的实际情况，看到他的贡献和新的起点，给予真诚的赞美，因为每个人都需要赞美。

赞美之所以对人的行为能产生深刻影响，是因为它满足了人们较高层次的需要。

一般说，高层次的需求是不易满足的，而赞美的话语则能部分地给予满足。这是一种有效的内在性激励，可以激发和保持行动的主动性和积极性。当然，作为鼓励手段，它应该与物质奖励结合起来。行为科学的研究指出，物质鼓励的作用（如奖金），其作用将随着使用的时间而递减，特别是在收入水平提高的情况下，更是如此。

人对精神鼓励的需求是普遍的、长期的，社会越发展越是如此。由此，我们也可以得出结论，重视赞美的作用，正确地运用它，是管理者的有效管理方法之一。

赞美也要及时。赞美是对一个人的工作能力、才干及其他积极因素的肯定。通过赞美，人们了解自己的行为活动的结果，可以说，赞美是一种对自我行为的反馈，而反馈必须及时才能更好地发挥作用。因为，一个人在完成工作任务后总希望尽快了解自己的工作结果、质量、数量、社会反映等，也就是看到自己的成就。

好的结果，会带来满意和愉快的情绪体验，给人以鼓励和信心，使人保持这种行为，继续努力。

同时，人们需要通过尽快地了解反馈信息，对自己的行为进行调节，巩固、发扬好的东西，克服、避免不好的东西。如果反馈不及时，事过境迁，这时的赞美就没有太大的作用了。

有一个金香蕉的故事很能给人以启示。在福克斯波罗公司的早期，急需一项性命攸关的技术改造。有一天深夜，一位科学家拿了一台确能解决问题的原型机，闯进了总裁的办公室。总裁看到这个主意非常妙，简直难以置信，就琢磨着该怎样给予奖励的问题。他弯下腰把办公桌的大多数抽屉都翻遍了，总算找到了一样什么东西，于是躬身对那位科学家说："这个给你！"他手上拿的竟是一只香蕉，而这是他当时能拿得出的唯一奖励了。

自此以后，香蕉演化成小小的"金香蕉"形的别针，来作为该公司对科学成就的最高奖赏。由此看出美国福克斯波罗公司领导对及时表扬的重视。

不仅仅是重大的科技成果要及时奖励，对下属的微小成绩上司也应重视，及时加以鼓励。美国惠普公司的市场经理有一次为了及时表示酬谢，竟把几磅袋装果子送给一位推销员，以鼓励他的成绩。另外一家公司的一位"一分钟经理"，提倡"一分钟表扬"，也就是下属做对了，上司马上会表扬，而且很精确地指出做对了什么，这使人们感到经理为你取得成绩而高兴，与你站在一条战线上分享成功的喜悦，一共只花一分钟时间。这位经理说，帮助别人产生好的情绪是做好工作的关键。正是在这种动机的指导下，他实行了"一分钟表扬"。这样做有三重意思：第一就是表扬要及时；第二是表扬要具体，准确无误，不能含含糊糊；第三是与部下同享成功的喜悦。

及时表扬是一种积极强化手段，它可以使员工和部属很快了解到自己的行为，有利于巩固成绩，向前发展。而有些主管却喜欢不动声色地看着别人的成绩，然后加以"储存"，在适当时候才找出来"提一提"，其效果已经减弱了一大半。

所以，我们应该接受"金香蕉"的启示，像"一分钟经理"那样及时赞美他人。

真诚赞美是顺利进行交谈的基础，是实现融洽的交谈气氛的关键。同样，赞美别人也要真诚。管理人员在尚不了解下属的情况下，只能讲些"年轻有为，前途无量""干得不错"之类缺乏感情的公式化语言，这些都很难打动人心。人们希望得到赞赏，但这些赞美应该能真正表明他们的价值。也就是说，人们希望你的赞美是你思考的结果，是真正把他们看成是值得赞美的人并且是花费了精力去思考才得出的结论。真诚的赞美要有一定的前提，失去上面所提到的前提，真诚便无以寄托。

言之有物的赞美能真正指出对方的心血、精力之所在。对一位下属如果只说很能干，就不如说某件具体的事办得很漂亮更"实惠"些。一位工作上很有成就的人，他听到恭维话自然就多，你泛泛地称赞他的工作、能力，就如同把一杯水倒进海中，毫无影响。如果你对他的工作确有了解，或者你作为外行能了解他的工作性质、意义，那么这种赞美的效果就会好得多。

像黄宗英采访柑橘专家曾勉，以一个外行的身份谈到她了解到老专家的"枝序修剪法"与众不同，这样一来老专家知道对方是真诚地敬重自己，居然了解到自己的具体专业成就，也就沟通了感情。

用欣赏的眼光了解别人

有一个年轻人在一家店铺里当伙计,他每天清晨四五点钟就要起来,打扫店铺照顾生意,一天总要工作十四个小时以上。就这样经过了两年,他实在无法忍受了。一天,他大清早就起来,也不吃早餐,一口气走了五里路,找到他母亲。他就像发疯了似的向母亲哭诉,还赌咒说,再也不做那份工作了!如果要他再回那家店铺,他就马上自杀。他又写了一封很长的信给他的老校长,述说他自己的遭遇……

老校长回信赞美他,说他是个聪明的年轻人,应该找一份更适合他做的工作。他给了这个年轻人一个教员的职位。

老校长的这个赞许,是这个年轻人生命中的转折点,也令他在英国文学史上留下了不可磨灭的印记。他从此开始,陆续完成了九部作品。

他就是英国有名的史学家威尔斯。

万特是纽约万特印刷公司的经理人,他希望不造成反感而改变一位技术员的工作态度。

这位技术员负责管理几台打字机和其他日夜不停运转的机器，他总抱怨说，自己的工作时间太长，身体疲惫，需要再增加一位助手。万特先生没有减少他的工作时间，也没有为他再找一位助手，却使这位技术员高兴了起来。究竟怎么回事？万特的主意很简单：他给那位技术员单独一间办公室，办公室门上挂着一块牌子，上面写着他的名衔：服务部主任。

如此一来，他已经不是任何人都可以随随便便使唤的修理匠了。他现在可是一个单位的主管，这给了他自尊、自重的感觉。于是，这位服务部主任很高兴，再也不抱怨他的工作了。

这是不是太幼稚了些？但是，在拿破仑身上就曾经发生过类似的事情。拿破仑在训练荣誉军团时，发出了1500枚十字徽章给他的士兵，而有18位将军被称为法国大将，那些接受徽章的士兵也被赞誉为伟大的军人。拿破仑将荣誉徽章发给那些出生入死的老军人时，有人就指出："这是孩子的做法。"但拿破仑回答说："是的，有时人们就是被玩具所统治。"

有个名叫艾鲁塞尔的人，他从事推销铅管已经有很多年了。他想：如果能多费点心思，也许能跟那位生意做得很大、信用也极佳的伯洛克林铅管技师成为业务伙伴。不过，这位铅管技师是个粗枝大叶、蛮横、粗犷的人，因此，艾鲁塞尔一开始就受到一个打击。

这位铅管技师常常坐在办公桌的椅子上，嘴里叼根雪茄，每次一看到艾鲁塞尔就这样说："你走吧！我今天什么也不要，别在这儿浪费我的时间！"

由于艾鲁塞尔的公司准备在长岛皇后村买一栋房子开设分公司，而那房子正巧在那位铅管技师的附近，那么，他对房子周围的环境一定很熟悉，所以，艾鲁塞尔就尝试着运用另外一种新的办法——请人帮忙的心理学技术。他决定要去见那位技师，并且这么说："先生，我今天不是来跟你谈生意的，是想请你帮个小忙。如果你方便的话，那只需要花费一分钟而已。"

"嗯！好吧。你肚子里有什么主意，快说出来！"那技师嘴叼雪茄，一副财大气粗的模样。

"我计划在这皇后村开一家分店，你对这儿的情形相信比谁都清楚，所以特地来向你请教。你认为这个计划是不是很好？"

这是一个前所未有的情形！这些年来，这位技师对推销员一向都是咆哮怒斥，可是今天竟然不同往常。哦，原来那位推销员是来向他请教、征求他的意见的，这使他有一种高贵感。他拉过一把椅子，指了指说："你坐下。"

这次，这位技师花了一个钟头，详细地把皇后村铅业方面的情形告诉了艾鲁塞尔。他不但赞成艾鲁塞尔在皇后村开设分店的计划，并且替他规划出购置地产的程序以及购物、开业方面需要注意的事项，同时，又拿出一家具有规模的铅业公司的营业方案让他参考。

我们必须牢牢记住：虽然每一个人都希望被人欣赏，被人重视，甚至于会不顾一切地去达到这个目的，不过没有人会喜欢接受虚伪的奉承。

有一位女经理，有一回被一位男士邀请吃饭。这位女经理常常在言谈中有意无意地便卖弄她的渊博学识，并且在饭后还抢着付账。结果，那位男士打退堂鼓，以后便无人再敢请这位女经理用餐了。而另一位没有受过高等教育的女职员被一位男士邀请吃饭时，她会以一副爱慕的神情，热情地注视他说："我好喜欢听你谈你自己的事。"

结果呢？这位男士很兴奋地跟别人说：虽然她长得并不十分出色，可是却相当会讲话。

可见，巧妙语言的使用可以帮你达到赚得人心的目的。而学会赞美他人的艺术，可令你一生受用无穷。

第二章
微笑的魅力,让自己变得有趣

当你朝着对方微笑时,哪怕他并不是很喜欢你这个人,并不是很赞同你说的话,他也不好板着脸继续保持沉默。微笑是一种无声的语言,也是这世界上最有力的语言。

爱笑的人永远最受欢迎

巴掌不打笑脸，多以笑脸待人就能赢得友谊、理解和发展，化干戈为玉帛。"没有人喜欢挨耳光，没有人会拒好意于千里之外。"这话真是再英明不过了。

美国"旅馆大王"希尔顿曾向母亲讨教他该干什么。母亲告诉他：你现在必须去把握更有价值的东西，除了对顾客诚实之外，还有一个更行之有效的办法，这个办法既简单，又容易做到，而且不用花钱，但要持之以恒——那就是微笑。

于是，希尔顿要求他的员工，不论如何辛苦，都必须对顾客保持微笑。

"你今天对顾客微笑了吗？"是希尔顿的座右铭。在50多年中，希尔顿不停地周游世界，巡视各分店，每到一处同员工说得最多的就是这句话。

即使在美国经济萧条的1930年，80%的旅馆倒闭，希尔顿还是信念坚定地奔赴各地，鼓舞员工振作起来，共渡难关。即便是借债度日，也要坚持"对顾客微笑"。

在最困难的时期，他向员工郑重呼吁："万万不可把心中的愁云摆在脸上，无论遇到何种困难，'希尔顿'服务员脸上的微笑永远属于顾客！"

他的信条得到贯彻落实，"希尔顿"的服务人员始终以其永恒美好的微笑感动着客人。很快，希尔顿饭店就走出低谷，进入了经营的黄金时期，他们添加了许多一流设备。当再一次巡视时，希尔顿问他的员工们："你们认为还需要添置什么？"员工们回答不上来。

希尔顿笑了："还要有一流的微笑！"他接着说："如果我是一个旅客，单有一流的设备，没有一流的服务，我宁愿弃之而去住那种虽然设施差一些，却处处可以见到微笑的旅馆。"

微笑给希尔顿公司带来了巨大的成功，不仅使希尔顿率先渡过难关，而且发展成为在世界五大洲有70余家分公司，资产达数亿美元，当今全球规模最大的旅馆业公司之一。

上班的日子里好多人都遇到过这样的尴尬：刚刚换到一个新的工作岗位上，总会感到万分别扭，战战兢兢，对很多事情都是既新鲜又提防，总想尽快磨合，适应新环境。可是一些资深的同事却是对你爱理不理，甚至在一些事情上还故意跟你作对，使你觉得简直无所适从，可又别无选择。谁让他们是你的同事呢？不跟他们好好合作，讨好，套近乎，今后简直难以工作。

该如何面对这种处境呢？最好不要再寄希望于对方向你伸出援助之手，哪怕自己再辛苦些，延长点工作时间，也不要想尽办法要求对方的帮忙，否则还可能会弄巧成拙，徒增烦恼。

另外，在未断定对方是老油条，或是一个无可救药的人以前，可以尝试着去了解对方的难言之隐，如能化敌为友，说不定还会有意想不到的收获。同时还要扪心自问，无法与对方合作的原因，究竟出在对方，还是自己的身上？自己是不是也应该负一点责任，去努力营造愉快融洽的气氛？要知道这些与人和平相处的技巧，可是日后事业成败的关键。

与同事相交，应本乎诚，当他需要你的意见时，不要使劲给他戴高帽儿，做无意义的赞叹；而当他遇到任何工作中的困难时，要尽力而为伸出援助之手，而不是冷眼旁观，落井下石，甚至乘人之危；当同事无意中冒犯了你，又忘记或根本没意识到说声对不起时，也应该有一个宽容、豁达的心胸，真心真意原谅他，日后一旦要有求于你，还要毫不犹豫地帮助他。

那么，明明是自己有理，为什么还要待他这么好？原因很简单，因为他是你的同事，你不能够得理就不饶人，毕竟你每天有三分之一的时间与同事相处，你能否从工作中获得快乐与满足，是否被人称为敬业乐业，同事们扮演着一个很重要的角色。试想：如果清晨你满怀热情地冲进办公室，准备今天大干一场时，竟发现人人对你视若无睹，谁都不愿主动与你说话，更不会有人与你倾吐工作中的苦与乐，你还会有心情好好工作吗？当然没有！因为你现在只想知道：为什么？

会不会是以下的原因：

当大家趁着上司不在，聚在一起聊天的时候，你仍然自命清高地宁愿去做自己的工作，从来不走过去参与其中，开上一些无伤大雅的玩笑或谈些家务琐事。

是不是你很不负责地随便把同事告诉你的话转告了上司，大家岂能不提防你？

还有，你忘了，经常有同事在你面前有意无意地表示自己有多能干，有多受上司的宠幸，你不但从不称赞、祝贺他们，还总是显出一副不以为然并颇带妒忌的样子。

再有……

同事，同事，要的就是相互合作，共同做事，而要合作愉快，就贵在和善、真诚，如果始终心存芥蒂，就只会最终弄得成事不足，败事有余。

小田和小明大学毕业后分到了同一家单位，同一个科室的同一个办公室，两年来一直焦不离孟，协作搞了许多工作，是一对"黄金搭档"，领导对他二人都十分满意。可不久前上边公布的升职名单里却只有小田而没有小明。从平起平坐、不相伯仲的同事、搭档关系，忽变为一个要服从另一个的上下级的关系，实在令小明心中愤愤难平，仿佛一盆冷水浇透全身。见了小田不仅别扭起来，而且越想越不服气，再加上其他同事的同情和"关心"，令小明痛苦至极，继而就是对小田的一股明显的敌意。

对此小田并非全无知晓，却并没有在意小明的敌视情绪，甚至一些冷嘲热讽，对同事们的恭贺和夸赞也表现得极为冷淡，到处传播"其实小明工作能力比我强，只是不善表现自己，才让我得了这个便宜"的舆论。并且在工作中还像以前那样，该干什么都抢着干了，而且还不时客气地问小明是否需要他帮忙。

所有这一切都令小明十分感动，也终于服气了领导为什么就没看上他，也许就是因为自己没有这个度量和胸怀吧！于是满腔的愤慨和不平都渐渐消退，自己也终于得到了平衡。两个人的关系又回到了当初的友好、和谐状态，后来他们才知道竟然有人还曾想借此事无中生有，离间他俩的关系，以达到个人目的,真是好险。

　　你也会身陷职场,你也会有同事,你也会遇到各种各样的矛盾与冲突,机敏的你该怎么去做呢?有一个办法:那就是微笑,用笑脸迎人。

微笑的要求和原则

如果说眼睛是心灵的窗户,那么微笑就是心灵的发言人。一个微笑所负载和传递的真情,胜过了千言万语,所以才有了"相逢一笑泯恩仇"之说。

微笑的唯一前提是真诚。没有真诚,微笑就不能是微笑,而只能是冷笑、干笑、媚笑、奸笑之类了。微笑不是有意堆积在脸上的,而是肺腑之情的自然流露。千金不是难买一笑吗?

真正微笑的人是感觉不到自己在微笑的,当你由衷地产生了要向人表达感激、谅解、宽容等美好的愿望时,你的微笑就自然而然、不知不觉地浮现出来。这个时候,不微笑心里会很不舒服。如果是为了讨好人或欺骗人而强颜欢笑,无论唇线怎样弯,眼角怎样斜,眉梢怎样摇,都只不过是一个虚伪的人,根本打动不了对方的心。

面对孩子,面对妻子,面对丈夫,面对同事和领导,面对孩子的老师都要微笑。如果你总板着脸孔，出出进进，不但对你自己的身体不利，别人也无法判断你的信号，不知道你是高兴还是不高兴。所以，你要养成微笑的习惯。你微笑，孩子也微笑，丈夫也微笑，妻子也微笑，大家都微笑。这样我们就能承担生活的压力。你不微笑你也在生活，你不快乐你也在生活，都必须过每一天。我们整天愁眉苦脸，生活条件也不会自动改善。我们为什么不选择微笑和快乐呢？

　　微笑的人总爱微笑，愁苦的人总爱愁苦。愁苦的人往往是童年得到的爱不足，总用愁苦的面容来引起别人的注意。这样的人会非常累。一般来说，人们喜欢和微笑的人打交道。如果你不微笑，孩子也就不爱微笑。他的未来堪忧，即使他有再高的学历，就业也会有困难。因为作为一个企业主，他不爱找愁眉苦脸的人作为他的员工。

面部表情最能吸引对方

与人交谈时的面部表情无论好坏都会带给对方极其深刻的印象。紧张、疲劳、喜悦、焦虑等情绪无不清楚地表露在脸上,这是很难由本人的意志来加以控制的。交谈的内容即使再精彩,如果表情缺乏自信,显得畏畏缩缩,双方的沟通就很难再进一步下去。

面部表情和手势、目光一样,都是最能传情达意的。它是人的内在思想感情在外貌上的显示。罗曼·罗兰曾经说:"面部表情是很多世纪培养形成的语言,比嘴里讲的更复杂千百倍。"因此,那些口才高手都能充分地利用面部表情,去表达出丰富的思想感情,从而吸引对方的注意力。

我们都知道罗斯福总统能言善辩,每一次,他在演讲时,全身好像一架表现感情的机器,满脸都是动人的表情,这样使他的演讲更有力,更勇敢,更活跃。当代著名演讲家、演讲理论家邵守义演讲时面部表情非常丰富,丰富的表情后面表现着复杂的思想情感。

有些人不善于运用自己的面部表情，不管内容如何转折变化，不管感情如何波澜起伏，始终都是一种表情，仿佛面部表情同思想感情的变化毫无关系。这不仅会给对方一种呆滞、麻木的感觉，而且不利于思想感情的表达。

要丰富面部表情，就要多掌握一些面部表情：

（1）突出下颚表示攻击性行为。

（2）缩紧下巴表示畏惧和驯服。

（3）抚弄下颚表示掩饰不安或胸有成竹。

（4）伤心时嘴角下垂，欢快时嘴角后拉，委屈时噘起嘴巴，惊讶时张口结舌，仇恨时咬牙切齿，忍耐时咬住下唇。

（5）下颚上抬，把鼻子挺出，是傲慢、自大、倔强的表现。

（6）用手摸鼻子，是怀疑对方。

（7）用手摸耳垂表示自我陶醉。

知道了这么多表情，你到底该如何运用呢？建议如下：

（1）如何表示愉快：嘴角后拉，面颊上提，眉毛平展，眼睛平眯，瞳孔放大。正是"眉毛胡子笑成一堆"。

（2）如何表示不愉快：嘴角下垂，面颊下拉，眉毛紧锁，面孔拉长。正是"拉得像个马脸"。

（3）如何表示有兴趣、快乐、高兴、幸福、兴奋：眉毛上扬,嘴角向上,鼻孔开合程度正常,口张开,瞳孔放大。有时伴有笑声、流泪或拍打身体等动作。

(4) 如何表示蔑视、嘲笑等表情:视线斜下,眉毛平或撮,抬面颊。

(5) 如何表示痛苦、哭泣等表情:皱眉、眯眼、皱鼻、张开嘴、嘴角下垂,配合有声传递。演讲中此种表情不能过度。

(6) 如何表示发怒、生气的表情:眼睁大,眉毛倒竖,嘴角拉开,紧咬牙关。此种表情最富攻击性,演讲中切忌过头。

(7) 如何表示惊愕、恐惧的表情:眉毛高扬,眼睛与口张开,倒吐凉气。

微笑是世界上最美的语言

世界上有一种很美丽的语言,它不需要你夸夸其谈,更不需要你画蛇添足去粉饰它,但它却能传递世间最珍贵奇妙的感情。那就是微笑。卡耐基说:"微笑,它不花费什么,却创造了许多的成果。它丰富了那些接受的人,而又不使给予的人变得贫瘠。它产生在一刹那间,却给人留下永久的记忆。"微笑是一种宽容、一种接纳,它缩短了彼此的距离,使人与人之间心心相通,化解令人尴尬的僵局,是沟通彼此心灵的渠道,使人产生一种安全感、亲切感、愉快感。

微笑跟贫富、地位、处境没有必然的联系。一个富翁可能整天忧心忡忡,而一个穷人可能心情舒畅;一个处境顺利的人可能会愁眉不展,一个身处逆境的人可能会面带微笑。一个人的情绪受环境的影响,这是很正常的,但你经常苦着脸,一副苦大仇深的样子,对处境并不会有任何的改变。相反,如果微笑着去生活,那就会增加亲和力,别人更乐于跟你交往，你得到的机会也会更多。人生大部分时候都在等待，在等待开往下一站的巴士，在等待属于自己的天空，而在等待机会的过程中，何不微笑一下？也许，下一站就会更精彩。

微笑招人喜爱，且富有魅力。英国诗人雪莱说："微笑，实在是仁爱的象征，快乐的源泉，亲近别人的媒介。有了笑，人类的感情就有了沟通。"确实，微笑是沟通彼此心灵的渠道。当你向别人微笑时，实际上就是以巧妙、含蓄的方式告诉他，你喜欢他，你尊重他，这样，你也就容易博得别人的尊重和喜爱，赢得别人的信任。生活中多一些微笑，也就多了一些融洽、和谐与快乐。

面露平和欢愉的微笑，证明你心情愉悦，热爱生活，你的微笑向大家展示了你积极、健康、乐观的魅力。面带自信的微笑，以不屈不挠、勇往直前的姿态与人交往，你会被他人欣然接受，同时收获朋友的信任和赞许；面带真诚友善的微笑，用内心的善良和友好，让对方感受到你待人诚恳、平易近人。在平凡的工作岗位上保持你灿烂的微笑，创造一种和谐融洽的气氛，让你的服务在微笑的海洋里荡漾，为自己创造一份轻松的心情，为朋友送上一份真挚的祝福。

蒙娜丽莎是一幅名画中的主人公，全世界无数人为蒙娜丽莎而迷醉。是蒙娜丽莎具有惊艳之美貌吗？不是，蒙娜丽莎姿色一般，她最令人痴狂的是她的微笑与眼神。蒙娜丽莎淡淡的微笑，和她似喜非喜、似忧非忧的眼神，流露出来的是人类普遍追求的亲切感，让人百看不厌。

蒙娜丽莎毕竟只是一幅画。她永远不会开口，谁也不能知道她会说些啥。然而，她的微笑，她的眼神和表情却一直在不停地"说话"。

毫不夸张地说，微笑是一种国际语言，不用翻译，就能打动人们的心弦。微笑是盛开在人们脸上的一朵美丽的花，时时刻刻散发着迷人的芬芳。真正的微笑应发自内心，渗透着自己的情感，表里如一。毫无包装的微笑才有感染力。

西班牙内战时，哈诺·麦卡锡参加了国际纵队，到西班牙参战。在一次激烈的战斗中，他不幸被俘，被投进了单间监牢。审讯他的人轻蔑的眼神和恶劣的态度，使他感到自己像是一只将被宰杀的羔羊。他从狱卒口中得知，第二天即将被处死。他的精神立刻垮了下来，恐惧占据了他全部身心。他双手不停地颤抖着伸向上衣口袋，想极力摸出一支香烟来掩饰自己的心神不定。这个衣袋被搜查过，竟然还留下一支皱皱巴巴的香烟。因为手抖不止，他用了好几次才把它送到几乎没有知觉的嘴上。接着，他又去摸火柴，但是没有，被搜走了。透过牢房的铁窗，借着昏暗的光线，他看见了一个士兵。对方没有看见他。当然，也用不着看他。他当时无望地想自己不过是一件无足轻重的破东西，而且马上就会成为一具让人恶心的尸体。但他顾不得狱卒会怎么想他了,于是他用平静的、沙哑的声音一字一顿地对他说:"对不起,有火柴吗?"对方慢慢扭过头来,用冷冰冰的、不屑一顾的眼神扫了他一眼,深吸了一口气,慢吞吞地踱了过来。对方脸上毫无表情,但还是掏出火柴划着火送到了麦卡锡嘴边。

那一刻,在黑暗的牢房中,在那微弱又明亮的火柴光下,狱卒的目光和麦卡锡的目光撞到了一起。麦卡锡不由自主地咧开了嘴,对他微笑了一下。连他自己也不知道为什么会对他微笑,也许是因为两个人离得太近了,一般在如此面对面的情景中,人不大可能不微笑。不管怎么说,他毕竟对他笑了。他知道对方一定不会有什么反应的,他一定不会对一个敌人微笑的。但是,麦卡锡的微笑对他产生了影响。在愣了几秒钟后,狱卒的嘴角开始不大自然地往上翘。点着烟后,狱卒并未走开,他直直地注视着麦卡锡的眼睛,脸上露出了自然的微笑。而麦卡锡也一直保持着这种难得的微笑,此时他意识到对方不是一个士兵、一个敌人,而是一个人。这时,对方也好像完全醒悟一样,从另一个角度来审视麦卡锡,他的眼中流露出人性的光彩,探过头来轻声问:"您有孩子吗?""有,有,在这儿呢!"说着麦卡锡用颤抖的双手从衣裳口袋里掏出皮夹,拿出他与妻子、孩子的合影给对方看。这时对方也赶紧掏出他和家人的照片给麦卡锡看,并说:

"出来当兵一年多了,想孩子想得要命,要再熬几个月,才能回一趟家。"麦卡锡听着,泪水不住地往外涌,他对狱卒说:"你的命可真好,愿上帝保佑你平安回家,可我再也不能见到我的家人,再也不能亲吻我的孩子了……"他边说边用脏兮兮的衣袖擦眼泪、鼻涕。狱卒的眼中充满了同情的泪水。忽然,他的眼睛亮起来,把食指贴在嘴唇上,示意麦卡锡不要出声。他机警地、轻轻地在过道上巡视了一圈,又踮着脚尖跑过来。他掏出钥匙打开了麦卡锡的牢门。此时麦卡锡的心情万分紧张,紧紧地跟着狱卒贴着墙走,一直走出监狱的后门,又走出了城。之后,狱卒一句话也没说,转身往回去了。

麦卡锡的生命就这样被一个微笑挽救了!

自然,不会展示微笑的人,身上好像在传送一条信息:"烦着呢!别靠近我。"这样有谁愿意同他接近呢?

微笑是零距离交往的明信片

史密斯是一家小有名气的公司总裁。他还十分年轻，几乎具备了成功男人应该具备的所有优点。

他有明确的人生目标，有不断克服困难、超越自己和别人的毅力与信心。他大步流星，雷厉风行，办事干脆利索，从不拖沓。他的嗓音深沉圆润，讲话切中要害。他对于生活的认真与投入是有口皆碑的。与他深交的人都为拥有这样一个好朋友而感到自豪。

但是，初次见到他的人却对他人少有好感，令熟知他的人大为吃惊，为什么呢？仔细观察后才发现，原来他几乎没有笑容。

他深沉严峻的脸上永远是炯炯的目光、紧闭的嘴唇和紧咬的牙关，即便在轻松的社交场合也是如此。他在舞池中优美的舞姿几乎令所有的女士动心，但却很少有人同他跳舞。公司的女员工见了他更是畏之如虎，男员工对他的支持与认同也不是很多，而事实上他只是缺少了一样东西，一样足以致命的东西——一副动人的微笑的面孔。

微笑作为一种特殊而重要的身体语言对于现代商务人士来说非常重要。商务交往中，你的客户可不想看到你愁眉苦脸的样子。相反，如果不时地施以真诚的微笑，就可能感染他，使之愉悦并更愿意与你相处。

当微笑时，眼睛也要"微笑"，否则给人的感觉只能是更糟糕的"皮笑肉不笑"。"一条缝的眼睛"一定是大笑时的结果，而正常状况下至少应该是眼睛微眯，这样会令你的微笑更传神、更亲切。微笑着说"您好""是啊""嗯""我同意"等礼貌用语会让你更有亲和力。微笑要与正确的身体语言相结合，才会相得益彰。你绝不应该在微笑时还表现出一种消极的身体语言。

有微笑面孔的人，就会有希望。因为一个人的笑容就是他传递好意的信使，他的笑容可以照亮所有看到他的人。没有人喜欢帮助那些整天愁容满面的人，更不会信任他们；很多人在社会上站住脚是从微笑开始的，还有很多人在社会上获得了极好的人缘也是从微笑开始的。

任何人都希望自己给别人留下好感，这种好感可以创造出一种轻松愉快的气氛。一个人在社会上要靠这种关系才可以立足，而微笑正是打开愉快之门的金钥匙。

如果微笑能够真正地伴随着你生命的整个过程，这会使你超越很多自身的局限，使你的生命自始至终生机勃发。

现实的工作和生活中，一个人对你满面冰霜，横眉冷对；另一个人对你面带笑容，温暖如春，他们同时向你请教一个问题，你更欢迎哪一个？当然是后者，你会毫不犹豫地对他知无不言，言无不尽，问一答十；而对前者，恐怕就恰恰相反了。一个人的面部表情亲切、温和、充满喜气，远比他穿着一套高档、华丽的衣服更吸引人注意，也更容易受人欢迎。

微笑是一种宽容、一种接纳。它缩短了彼此的距离，使人与人之间心灵相通。喜欢微笑着面对他人的人，往往更容易走入对方的天地，难怪人们强调："微笑是成功者的先锋。"

在面部表情中，人们最偏爱的就是"微笑"了。我们的生活需要笑容，因为它有益于我们的身心健康；我们的工作更需要笑容，它会满足客户和所有人的希望。

微笑能表达一种良好的精神风貌，是生活的魔力棒。它能给人解除忧虑，带来欢乐。善意的微笑，对覆冰盖雪的角落是一缕和煦的春风，让人感到一股春风送爽的温暖。微笑是美的，因为它表现了许多难以言传的感情。

笑有真有假，真正的微笑是不受控制的，是真的从心里往外、压抑不住的高兴，是一种由衷地感到满足而喜形于色，这样，才能感染对方，从而产生呼应，达到最佳的效果。笑的时机要恰当，并要注意选择笑的场合。该笑的时候笑，不该笑的时候就不能笑，否则会适得其反。比如，欢庆、轻松的气氛中应该笑；悲伤的场面或看望久治不愈的病人时就不该笑。

微笑是通过不出声的笑来传递信息的，不仅是人的外在表现，更是内在精神的反映。只要我们出自真诚、运用得当，就会赢得对方的好感，从而获得意想不到的收获。

微笑不仅能让人驱走心灵的阴霾，还会让人变得友善。

有一次，一位窘困不堪的乞讨者将手伸到了屠格涅夫面前。屠格涅夫找遍身上的每一个角落，什么也没有。于是，他紧紧握住乞讨者的手，微笑着说："兄弟，很抱歉，今天我忘记带了。"乞讨者眼里荡漾着异样的光芒，感动地说："这个手心，这个微笑，就是周济！"

温暖的微笑在人际交往中具有丰富的内涵，是自信的象征，是心理健康的标志，是礼貌的表示，是和睦相处的反映。生动的微笑，就像明媚的阳光一样，使人心旷神怡，可以驱散阴云，淡化矛盾，可以化干戈为玉帛。

人生的美好就是心情的美好；人生的丰富就是人际关系的丰富。当用发自内心的微笑对待对方时，便主动地掌握了人与人之间真诚交往的尺度。如果可以用微笑开始,用微笑结束,那微笑的价值是不言而喻的。

微笑是零距离人际交往的明信片,架起了彼此间友谊的桥梁,打开了从表面驶向心海的航线。

第三章
学会倾听,找到共同的兴趣点

善于倾听,不但体现一个人的道德素养,还有助于和他人建立融洽的人际关系。心理学研究表明,越善于倾听他人的意见,通常人际关系就越融洽,因为倾听本身就是尊重对方的一种表现。

听人讲话也是一门艺术

世界最著名的影剧记者伊撒克·马士逊，曾明确指出，世上许多人之所以不能留给人良好的印象，正是因为他们不能耐心地做个好听众，"由于他们只关心自己接下来要说的话，所以根本不肯耐心地去听人家把话说完……"。

大多数人都曾告诉过我，他们喜欢的是肯耐心听别人说话的人，而不是那些争着要发表自己高见的人。而学会听人说话这门艺术，却不能一蹴而就，真正懂得它的人，毕竟是少之又少。

因此，如果你想学好谈话这门课程的话，便要记住：基本功夫就是先做一个好的倾听者，鼓励别人谈他自己。

听别人讲话实在是一门艺术，那么如何做一个好的听众呢？以下是几点建议：

1. 全心全意地倾听

听音乐时，你也许喜欢轻敲手指或频频用脚跟打拍子，这没有问题——但听别人说话时却十分不好，因为这些小动作最容易伤害别人的自尊心。

要设法撇开令你分心的一切——不要理会墙角里嗡嗡作响的苍蝇，忘记你当日要去看牙医。眼睛要看着对方，点头示意或打手势鼓励对方说下去，借此表示你在用心倾听。要是你轻松地坐着，全神贯注，不用说话也能清楚表示你听得津津有味。

轮到你发言时，别以为你必须一直说下去，你仍要把说话的机会奉还给对方。

我们年轻时，大都听信别人的话，以为话说得越多，在社交圈子里便越成功。

一位外交官的太太曾细述她丈夫初入外交界，带她出去应酬时，她在那些场合多么受罪。她说："我是个小地方的人，而满屋子都是口才奇佳、曾在世界各地住过的人。我拼命找话题，不想只听别人说话。"

一天黄昏，她终于向一位不大讲话但深受欢迎的资深外交家吐露自己的问题。他告诉她说："每个人说话都要有人听。相信我，善于聆听的人在宴会中同样受欢迎，而且难能可贵，就好像撒哈拉沙漠中的甘泉一样。"

2. 协助对方说下去

试用一些很短的评语或问题来表示你在用心听，即使你只是简短地说："真的?"或"再告诉我多一点。"

假如你和一个老朋友吃午饭，他说因为夫妻大吵了一架，他整个星期都睡不好。要是你像大多数人一样，怕听别人私事，你可能会说："婚姻生活总是有苦有乐——你吃鱼还是五香牛肉?"你这样说，是间接叫他最好别向人发牢骚。假如你不想浇他一头冷水，那就不妨说："难怪你睡不好，夫妻吵架一定令你很难受。"你的话让他消除不少心中抑郁，心情便会好得多。我们当中很少有人能够自我开导，总需要把自己的烦恼告诉善于聆听的朋友。

3. 要学会听出言外之意

一位业绩优异的房地产经纪人认为，他成功的原因在于不但能细心聆听顾客讲的话，而且能听出那些没讲出来的话。当他讲出一栋房屋的价格时，顾客说："哪怕豪宅也没有什么了不起。"可是他说话的时候有点犹豫，笑容也有点勉强，那经纪人便知道顾客心目中想买的房子和他所能负担得起的价位显然有差距。

"在你决定之前,"经纪人熟练地说:"不妨多看几栋房子。"结果当然皆大欢喜。那顾客买到了符合他预算的房子,生意成交。

不幸的是,我们大多数人甚至不知道如何倾听别人说话。掌握倾听的艺术是受人欢迎的秘诀之一。当别人有问题来找我们时,我们常说得太多。我们总是试着提出太多建议,其实大多数的时候最需要的也许只是沉默,同时把耐心、宽容和爱传达给对方。

4. 把握好插话的时机

在别人说话时,我们不能只听到一半或只听一句就装出自己明白的样子。我们提倡在听别人说话时,要不时做出反应,如附和几句"是的"等话语,这样既让说者知道你在听他说,又让他感觉你很尊重他,使他对你产生浓厚的兴趣。

但是,万事都有忌,都要有把握分寸的地方。许多人过分相信自己的理解和判断能力,往往不等别人把话说完就中途插嘴,这种急躁的态度,很容易造成损失,不仅弄错了问话意图,中途打断对方,还有失礼貌。不错,在别人说话时一言不发也不好,对方说到关键的时刻,说完后,你若只看着对方,而不说话,对方会感到很尴尬,他会以为没有说清楚而继续说下去。

还有不少人在倾听别人说话时表现出唯唯诺诺的样子，哼哼哈哈，好像什么都听进去了。可等到别人说完，他却又问道："很抱歉，你刚才说什么？"这种态度，对于说话者来说是有失礼节的。

所以说，即使你真的没听懂，或听漏了一两句，也千万别在对方说话途中突然提出问题，必须等到他把话说完，再提出："很抱歉！刚才中间有一两句你说的是……吗？"如果你是在对方谈话过程中打断，问"等等，你刚才这句话能不能再重复一遍"，这样，会使对方有一种受到命令或指使的感觉，显然，对你的印象就没那么好了。

听人说话，务必有始有终，但是能做到这一点的人都不多。有些人往往因为疑惑对方所讲的内容，便脱口而出："这话不太好吧！"或因不满意对方的意见而提出自己的见解，甚至当对方停顿时，抢着说："你要说的是不是这样……"这时，由于你的插话，很可能打断了他的思路，要讲些什么他反而忘了。

总之，在与人交谈时，你要学会做一个好的听众，这样，你才会给别人留下良好的印象，别人才会觉得受到了尊敬。同时，你也就获得了成功。

教你掌握倾听的十项规则

无论你与人交往的目的是什么，都要掌握听人讲话时应该注意的事项，即掌握听的规则，从而提高交往的效率。现将听的十项规则列举如下：

1. 要搞清自己听的习惯

首先要了解，你在听人讲话方面有哪些好的习惯，有哪些坏的习惯，你是否会对别人的话匆忙做出判断，是否常常打断别人的话，你是否经常制造交往的障碍。了解自己听的习惯是正确运用听的技巧的前提。

2. 不要逃避交流的责任

要记住，交流的双方缺一不可，既有说话者，也有听话者，而且每个人都应轮流扮演听话者的角色。作为一个听话者，不管在什么情况下，如果你不明白对方说的话是什么意思，你就应该用各种方法使他知道这一点。在这里，你可以向他提出问题，或者积极地表达出你听到了什么，或者让对方纠正你听错之处。如果你一言不发，或者一点表示也没有，那么，谁能知道你是否听懂了对方的话？

3. 全身都要调动起来

要面向说话者，同他保持目光接触，要以你的姿势和手势证明你在倾听。无论你是站着还是坐着，与对方要保持在对于双方都最适宜的距离上。要记住，说话者都愿意与认真倾听的人交谈，而不愿意与"木头人"交谈。

4. 要把注意力集中在对方所说的话上

既然每个人集中注意力的时间不长，你在听话时就要有意识地把注意力集中起来，要努力把环境干扰压缩到最小限度，避免走神分心。积极的姿势有助于你把注意力集中在对方所说的话上。

5. 努力理解对方的言语和情感

这就是说，不仅要听对方传达的信息，而且要"听"对方表达的情感。假设一个工作人员这样说："我已经把这些信件处理完了。"而另一个工作人员却这样说："谢天谢地，我终于把这些该死的信件处理完了!"尽管这两个工作人员所发出的信息的内容相同,但后者与前者的区别在于他还表达了情感。

6. 要观察讲话者的非语言信号

既然交往在很多时候是通过非语言方式进行的,那么,就不仅要听对方的语言,而且要注意对方的非语言表达方式,这就是要注意观察说话者的面部表情,如何同你保持目光接触,说话的语气、音调和语速等,同时还要注意对方站着或坐着时与你的距离,从中发现对方的言外之意。

7. 要对讲话者保持称赞态度

对讲话者要保持称赞态度能创造良好的交往气氛。讲话者感到你的称赞越多,他就越能准确表达自己的思想。相反,如果你对讲话者表现出消极态度,他就会产生防御反应,对你表现出不信任和警惕。

8. 要努力表达出理解

在与人交谈时,要努力弄明白对方的感觉如何,他到底想说什么。如果你能全神贯注地听对方讲话,不仅表明你理解他的情感,而且有助于你准确地理解对方的信息。

9. 要倾听自己讲话

倾听自己讲话对于培养倾听他人讲话的能力是特别重要的。倾听自己讲话可以让你了解自己，一个不了解自己的人，是很难真正地了解别人的。倾听自己对别人讲些什么，是了解自己、改变和改善自己倾听的习惯与态度的一种手段。如果你不倾听自己如何对别人讲话，你也就不会知道别人应如何对你讲话，你当然也就无法改变和改善自己倾听的习惯与态度。

10. 要以相应的行动回答对方的要求

要记住，对方与你交谈的目的往往是想得到某种可感觉到的信息，或者使你改变观点，或者迫使你做某件事情等。在这种情况下，采取适当的行动就是对对方最好的回答。

掌握了这十项原则，你也就掌握了倾听的基本方式，迈出了成功的第一步。

教你掌握倾听的"八戒"

在完善你听的能力的过程中,除掌握上述规则之外,还要注意避免与人交往时容易犯的错误,这就是下面要讲的"八戒"。

1. 不要假装听

假装听是有害而无益的。不论你如何伪装,如果你对对方的话没有兴趣、感到无聊,这种假装的听不可避免地会在面部表情或手势、姿势上表现出来。一旦对方看出你是在假装听,他的自尊心会受到伤害,甚至认为你的表现是对他的莫大侮辱。如果你实在不愿意听对方所讲的内容,可以婉转地要求改变话题,或者是找个借口而停止交谈。

2. 没有必要时不要打断别人的话

大多数人在交谈中常常会打断别人的话,自己却意识不到这一点。一般说来，领导者打断下级人员讲话的时候比较多，而下级人员打断领导者讲话的时候则比较少；男人打断女人讲话的时候比较多，而女人打断男人讲话的时候比较少。如果在严肃场合你必须要打断对方讲话，那么，你说完后要帮助对方恢复被你打断了的思维过程。

3. 不要带着偏见听人讲话

偏见是影响你与他人关系的因素。如果你对某人有偏见，在听他讲话时也就往往会带上偏见，就会从心里认为他的话没有什么吸引力，不值得一听，或者认为他的话句句带刺，是针对你而说的，因而你就不能客观地听他说话。即使他的话对你很重要，你也不会从他的话里获得有益的信息，这样就会影响你与他的交往。所以，在听人讲话时首先要尽量排除偏见。

4. 不要匆忙下结论

通过观察证实，每个人都喜欢对谈话的话题做出判断和评价，表示赞许或不赞许。这些主观评价，往往迫使讲话者退居防御地位，因而成为交谈的障碍。

5. 不要使自己陷入争论

当你从内心不同意讲话者的观点时，对他的话不能充耳不闻，不能只等着自己发言。一旦发生争论，也不能一心只为自己的观点找根据而把对方的话当作耳旁风。如果你不同意对方的观点，也一定要认真听完对方的话，完全弄明白你到底在哪些地方不同意对方的观点。等对方说完以后，你再阐述自己的观点。

6. 提问题不要太多

为搞清对方所说的话的含义，提出问题是有好处的。但是，对于具体的、需要对方明确回答的封闭性问题，必须压缩到最低限度。同时，对于那些能鼓励说话者详细说出自己思想的开放性问题，也应谨慎提出。提问题过多，在一定程度上会使对方感到压抑，并且退居防御地位。

7. 对带有情绪的话不要过分敏感

在听情绪激动的人讲话时，要小心谨慎，不要受他的情绪影响，而应集中精力体会他所说的话的含义。如果你自己也受对方的情绪的影响，就会妨碍你对必须真正了解的东西的理解。

8. 别人没有提出要求时就不要出主意

一般来说，只有那些从来不帮助别人的人，才会主观地出一些别人不需要的主意。但是，在人家真心实意向你请教的情况下，就要弄清对方到底要求你出什么样的主意。

在掌握倾听原则的基础上，如果你也注意到了这八大戒律，那么你就掌握了倾听的秘密武器，你离成功不远了。

听人炫耀也是一种尊重

通常人人都喜欢炫耀。然而,炫耀之心被人看穿后就会表现得比较腼腆,并且想尽办法保护自己的良好形象。因此,即使想大声炫耀,也会谦虚一番才开始谈论。

如果能利用这种心理,让对方开心地谈,对自己也有好处。例如在洽谈生意时,不妨让对方畅谈自己的癖好,而你则拼命点头称是,表现出敬佩的样子,对方心满意足了,自然可让宾主皆欢。

在生活与工作中受人欢迎的人,多是能了解听人炫耀的技巧。老王是某公司的职员,他就是因此而人缘极佳。例如,星期一上班时,他看到上司晒黑了,便自然地比画出握网球拍的动作,两个人的话匣子就此打开。刚开始时,上司可能会不好意思而客气地说"其实我昨天收获不错",但很快就进入状况,不时会露出得意的表情。如果上司是个钓鱼迷,不妨说"现在钓鱼不简单吧"或"一天能钓上一条草鱼就不错啦"等,如此纵然对方成绩不理想也不会难为情。因为这无疑是暗示对方,现在天气不佳,你能钓上一条,也可称得上是高手了。

由于他是如此善解人意,大多数同事都乐于找他谈话,他不但不厌烦,还会给予精神上的支持,难怪会大受欢迎。他就是以"听话"增加与人的亲密度。

他在与人交谈时,完全扮演听众的角色,从不炫耀自己。比方谈到钓鱼,尽管他同样善于此道,但从来都是耐心听,从来不自吹自擂。

除了要专心倾听别人在现实生活中的光荣外,还要专心倾听别人未来的梦想。光荣与梦想,是人最在意的两件事。

张勇在平时经常描绘自己20年后的样子:存一笔不少的钱,到湘西凤凰买幢房子,栽花、养马、劈柴、发呆,过无拘无束的生活。原来,去湘西是他少年时拥有的梦想,从沈从文的笔下,他对那片淳朴的土地产生了好奇。长大后去过几次,非常留恋那里的一草一木。去那里定居是他十几年的梦想,而这梦想埋藏在心底已久。只要谈到它,他的表情就熠熠发光,与平日指挥工作的样子截然不同,仿佛少年一般天真可爱。

有一次,他和以前一样在谈梦想时,来了一位醉客打断话题:"湘西,湘西有……有什么了不起的……"这时他的脸色大变，露出可怕的眼神，结果两个人发生了冲突。对他来说，他绝对无法原谅嘲笑自己梦想的人。

梦想与光荣一样，神圣不可侵犯，没有任何东西能替代。平时忙于工作，而梦想有如强心剂，可为生活带来无比的希望，鼓励自己勇往直前。因此，对于别人的光荣与梦想，我们在倾听时要怀着虔诚的态度。

听话听音才能知晓别人的意图

俗话说："听话听音。"中国人的特点是含蓄，特别是在特殊的场合里，人们总会根据具体的对象和环境，利用含蓄、讽喻、双关、反语等方法，表达自己的意图。这样就会使表达曲折委婉、话里有话，听话的人若不仔细揣摩，就不能理解说话人的真实含义，只按照字面上的意思来理解，势必会造成曲解。所以我们要细心琢磨别人的话外音，方能知晓对方想表达的真实意思。

每个人的"话外音"其实都有迹可循，多考虑事物的另一面，进行换位思考，事情可能就会变得明朗。记住，凡事都事出有因，"话外音"也不例外。这就要求听者能够听出弦外之音，进而听懂别人说话的真实意图。

某国家要任命新的领导人，各报记者都想探听谁会是新任首相，但此事是秘密决定的，而且参议员都守口如瓶，记者们使尽浑身解数都一无所获。但有一位记者通过一个巧妙的问题就获得了第一手资料。

在议员们结束会议时,这位记者向参议员提出这样一个问题:"出任首相的是不是秃子?"当时出任首相的有三名候选人:一个是秃子,一个是满头白发,一个是半秃顶。而最具优势的人正是半秃顶的候选人。这个看似简单的问话,却暗藏玄机。议员们听到这个问题后,有些犹豫,没有立刻回答。记者巧设问题从这位议员一瞬间的犹豫中推断出最后的答案,因为对方停顿肯定是在思考:半秃顶是否属于秃子?记者的机智让他获得了独家新闻,给自己的报社带来了丰厚的收入。

从中我们可以看到,一个举动、一个表情都可以成为话外音的一部分。记者巧妙地设置问题,再从参议员的表情的"话外音"中去推断他的真实意思。

当然,作为一种人际沟通方式,理解对方的话外音是很重要的。若你意会不出或意会错别人带有隐含意的语言,轻则会把别人的鼓励当批评,把别人的嘲讽当作"补药";重则会把错的事认为是对的,对的事反而认为是错误的,从而直接影响你对事物或人的判断。

下面一些情况,往往隐含着说话人的话外之音:对方谈话时语气突然改变;对方的音调加重;对方突然停止谈话;对方故意做出暗示性肢体动作;谈话结束时对方有无特殊的举止;散席前对方的最后几句话……

人的内心思想,有时会在口头上不经意间流露出来,只要我们细心观察就能听出他人的话外音。

怎么才能提高自己的倾听能力

听话不只是听见,更重要的是听懂。对词语、语句、句群以至整个话语的意义的理解与把握,是听话能力的核心。倾听时不仅要用耳,还要用脑,边听边思考接收到的各种语言信息。一定要尽可能迅速地抓住关键词语,只有准确地理解了关键词语,才能正确地理解整体话语的意义。实际上,听话人并不是在听声音,而是在听思想。除了对词句的听辨外,还要注意语调、语气、重音、停顿等种种因素。

1. 理解特殊语言环境中的话语含义

在某些特殊的语言环境中,"讨厌"是喜爱的意思,"你太聪明了"则表示否定。

邹忌是战国时期齐国的丞相,位居高位后,即使有错误,也无人敢谏言。

一天,大臣淳于髡来到邹忌的府上,说有一些问题向丞相请教，他说："儿不离母，妻不离夫，这样做对不对？"邹忌说："对极了，所以我们做臣子的不敢离开君王。"淳于髡又问："车轮是圆的，水往下流，对不对？"邹忌又说："完全对，方的不能转动，水不能倒流，我必须顺应民心民情。"淳于髡又说："貂皮破了，不能用狗皮补，对不对？"邹忌说："没错。我绝不能让小人占据高位。"淳于髡说："造车得算准尺寸，弹琴必须定好调，对不对？"邹忌说："对。我一定要严明纪律。"淳于髡说完后站起身，向邹忌行过礼，扬长而去。

学生问淳于髡："您不是说给邹丞相提意见吗？怎么一个字也没沾边呢？"淳于髡笑道："丞相已经完全明白了我的意思，还用明说吗？"

在这个故事里，听话者从字面的话语含义中听懂了说话者内在的含义。这个故事告诉我们，抓住对方的主旨，就能正确地理解对方的意思，并可以高效地解决问题。话语理解力是听说能力的核心，是听话水平高低的重要标志。要提高自己的语言敏感性，善于从发言者的话中，找出他没有明确表示出来的意思，就可以避免造成误解。

2. 学会提炼话语中的关键词

所谓的关键词，指的是描绘具体事实的用词，这些用词透露出重要的信息，同时也显示出对方的兴趣和情绪。透过关键词，可以看出对方喜欢的话题，以及说话者对人的信任。

找出对方话语中的关键词，也可以帮助我们决定如何响应对方的说辞。找出对方话语中的重点，并且把注意力集中在重点上，这样我们才能比较容易地从对方的观点中了解整个问题。只要我们注意力集中，不在细枝末节上纠结，就不会因为漏掉对方话中的重点或是错过主要的内容，而浪费宝贵的时间，做出错误的判断。

在人际交往中，学会听话语中关键词的作用是非常重要的。心理学研究表明，越是善于倾听他人关键话语的人，与他人关系就越融洽。

3. 达到倾听的最高层次

有学者认为，有效的倾听是可以通过学习获得的。把握谈话中的关键词是倾听过程中的重点，因为，把握好关键词能够让我们获取更多的信息，从而掌握沟通的主动权。根据影响倾听效率的行为特征，我们把倾听分为三种层次，认识自己的倾听行为，并通过学习使自己的倾听层次逐步上升到第三种层次，你就可以成为一名高效率的倾听者，从而不断提高自己的沟通能力和交际能力。

倾听的三个层次具体如下：

层次一：倾听者完全没有注意对方的谈话内容。在这个层次上，倾听者表面上是在听，实际上是在想与对方谈话毫无关联的事情，或者在琢磨自己的辩词。这种层次上的倾听者只对说感兴趣，对对方的话根本不在意，所以这类倾听者容易导致沟通中关系的破裂甚至会出现冲突。

层次二：倾听者只注重字词表面的意思。倾听者在听的过程中，只注重说话人所说的内容，却忽视了语调、身体姿势、手势、面部表情等无声语言。但无声语言往往更能传达说话人的真实意思，所以这一层次的倾听者常常误解别人的意思，进而做出错误的举动，影响沟通的顺利进行。另外，倾听者在听的过程中如果只是象征性地点头同意而不询问其真实意思，则会让说话者误认为他的话被理解了，这也会给下面的沟通带来潜在的阻碍。

层次三：倾听者在听的过程中寻找兴趣点，并以此促进沟通的顺利进行。这一层次的倾听者才是一个优秀的倾听者。因为兴趣点是获取新的有用信息的契机，高效率的倾听者则能很好地利用这一点攫取更多有价值的信息，从而掌握谈话的主动权，促进沟通的顺利进行。

处于第三种层次的倾听者善于及时总结已传递的信息，质疑或权衡所听到的话并有意识地注意非语言线索，从而总揽全局。由此可见，倾听的最高境界就是做一个高效的倾听者，及时把握对方话语中的关键词，从而获取更多有价值的信息。

提高自己的倾听水平需要不断地练习。首先加强自己的知识积累，这是理解力的前提。其次，还要能对别人的长篇大论进行简短的总结。另外，我们还可以练习速听，看自己能否瞬间抓住主旨。经过反复的练习，相信我们的倾听技巧会更加娴熟。

言辞在精不在多，说话的七疑八忌

说出去的话就如泼出的水，出口容易，但收回却不大可能。说话如写电报，言辞在精而不在多。

说话技术与你一生沉浮荣辱有莫大关系，因此有必要了解说话的七疑八忌：

第一种疑心是你同对方议论某个问题，因为还未能明白他的见解与意向，于是笼而统之，述其大端，以观他的反应。在你不失未透，一得之论，无当于事，庸碌如此，浅陋如此，还须再读十年书，何必妄论天下事。

第二种疑心是如果你对于某个问题，自信确有心得，对他畅论一切，旁征博引，不厌其详，你以为可以表现你的学问，引起他的注意，谁知他却以为你是所得芜杂，并无独到之处，至多不过是卖弄学识，哗众取宠。

第三种疑心是说话应仔细斟酌，不该说却率性而言，有时反而引起对方的疑心。你同对方议论他的雇员，你以为是一番好意，其实你已犯了"新间旧，下犯上"的毛病。话虽不错，他却以为你是有意离间，有意挑起争端，破坏他们的团结，从此对你产生极大的怀疑，甚或格外与你疏远。

第四种疑心是你同对方议论他的两个职员，说 A 的优点是什么，缺点是什么，B 的行为如何，品质如何，能力如何。你的话也许说得不错，而他却以为你是有意打探他的反应，获得一些表示，以此告知他们，使他们知道你与他可以无话不谈，以此提高你的身份，不然何必那么喋喋不休。

第五种疑心是你同对方议论他手下的憎厌分子，当然你的说话是一种公平之论，对他们的所长所短，双方面都加以评价，意在降低他的憎厌心，使他知道憎厌的人也有长处可取。"君子成人之美，不成人之恶"，你的用心无可厚非，他却以为你是有意刺探他含怒的原因，以及含怒的深浅，完全是结党营私。

第六种疑心是你同对方议论他手下的亲信，当然你的说话是着重于他们的特点及长处，决不会攻其所短，论理正投他所好，一定乐于接受，谁知他的反应，恰恰相反。虽然你的话句句与他所知相合，他并不以为你真能认识他的所爱，以为你是借此为见知的引线，妄想加入他们的群体，彼此结成一体。

第七种疑心是你同对方议论某个问题，为了各种顾忌，只谈原则，不论事实，略示诚意，你以为巧妙，他却以为你是畏首畏尾，不敢直说，顾忌太多，安能办事？

第一忌：他做的事，别有用心，他极力掩蔽，不为人知。你对他的用心甚是清楚，他虽不能断定你一定明白，终是对你十分猜疑。你便进退维谷，既无法对他表明一无所知，也无法表明绝对保密，那你将如何自处呢？你唯一的办法，只有装傻充愣，若无其事。

第二忌：世故圆滑的人，对人总是唯唯诺诺，可以不开口，情愿学人之三缄其口，实行其"庸言之谨"。他有隐私的事情唯恐人知，你偏在无意中说中他的隐私，言者无心，听者有意，认为你是有意揭开他的伤疤，他便恨你入骨。

第三忌：他有阴谋诡计，你却参与其事，代为决策，认为得当。一方面，可以说你是他的心腹；反过来，你是他的心腹大患。你虽守秘密，从绝口不提，不料另有智者，看得一清二楚，说得明明白白，那么你就难逃走漏消息的嫌疑，无办法的办法，你只有多亲近他，表示绝无二心，同时设法侦知泄密的人。

第四忌：他对你尚无深知，没有十分信任，你偏力求讨好，对他说肺腑之言，即使采用，但适得其反，他一定疑心你有意捉弄他，使他上当；即使试行结果很好，对你未必增加好感，以为你是偶然看到，实行又不是你的力量，怎好算你的功劳，所以你还是不说话得好。

第五忌：他有罪过被你知道，你认为大大不对，不惜维护正义，直言劝谏。他本唯恐人知，你去揭露，他自十分惭愧，由惭愧而愤恨，由愤恨而与你发生冲突，你又凭空多了一个冤家。你还是不说得好，即使劝告，也以委婉为宜。

第六忌：他的成功，计出于你，他是你的上司，深恐好名誉被你抢去，内心惴惴不安。这种情形，应该到处宣扬，逢人便说，极力表示这是上司的善谋，这是上司的远见，一点不要透露你有什么贡献。

第七忌：他不能做的事，你认为应该做，而且强迫他必须做到。对于某事，他是箭在弦上，不能不发，或业已骑虎难下，你认为不应该做，而强迫他必须终止。但是事实如此，虽强迫之也不会有效。在你的道义上，当然不应该熟视无睹，不妨进言婉劝，使他自己觉悟，自己来发动，自己去终止，这是上策。万一他不愿接受你的劝告，也只好适可而止。如果过于强求，只会白费心思。

第八忌：你勇气十足，就事论事，痛陈利弊，极言得失，语气激昂，忠义之气溢于言表，你以为如此必能打动他，谁知他却以为你是性情粗野，缺少涵养功夫，阅历未深，人情未熟，未能顾虑周详。

究其病根，是由于彼此间的认识没有清楚，你虽然认识他，他却不认识你，单方面的认识，还不是说话的时候，贸然进言，总是引起他的疑心。你还是致力于使他彻底认识你的功夫，不要急于说话。这就好比雄鸡司晨，一鸣而天下皆动，但是在黄昏试啼，人家还以为不祥之兆呢！

话说三分留七分,言多必有失

孟子说:"不得其人而言,谓之失言。"

有这样一个小故事:

战国时期流行清谈,贵族们尤其喜欢品评人物。

有人问宰相苏秦:你觉得某某人怎样?苏秦正要开口评论,却停下来看了看这个人,然后对他说:"你这个人喜欢传闲话,还是不告诉你为好。"

其实,苏秦位高权重,并不怕这个人传闲话,他这样说或许还有告诫的意思,否则,连这句话都不必说,只回答"今天天气……"就够了。

对方不是可以尽言的人,你说三分话,已不为少。其他的不是不可说,而是不必说,不该说。俗语说"逢人只说三分话",还有七分话,不必对人说出。你也许以为大丈夫光明磊落,何必只说三分话呢?你一定认为他们是狡猾,是不诚实,而那些老于世故者,却以为说话须看对方是什么人。

有时你只说三分话，正是你的服务道德。做保密工作的自不必说；做医生的人，普通的病人，或者可以对人提及，对于患花柳病的病人，你是绝对不该对人提及，这是医生的服务道德；做人事工作的人，掌握工作单位所有人的档案，某某何时升迁，何时受处分，自然了如指掌，但是决不可随便透露，如果口风不严，就可能授人以柄，陷入麻烦；做银行业务的人，业务大概情形，或者可以对人提及，对于存款人的姓名，你是绝对不该对人提及，这是银行人员的服务道德，依此类推，只说三分话的例子还多着呢。

说话本来有三种限制，一是人，二是时，三是地。非其人不必说；非其时，虽得其人，也不必说；得其人，得其时，而非其地，仍是不必说！非其人，你说三分真话，已是太多；得其人，而非其时，你说三分话，是给他一个暗示，看看他的反应；得其人，得其时，而非其地，你说三分话，正是为了引起他的注意，如有必要，不妨择地做长谈，这叫作通达世故。

过去，心理学家常常认为我们应该把自己的事情讲出来，告诉别人，但现在人们逐渐发现在与别人的交往中有时更需要忍耐和沉默。

你必须认识到沉默与精心选择的词具有同样的表现力，就好像音乐中心音符与休止符一样重要。沉默会产生更完美的和谐，更强烈的效果。

在商业或私人交际中，无言也许是最好的选择之一。

一个印刷业主得知另一家公司打算购买他的一台旧印刷机，他感到非常高兴。经过仔细核算，他决定以250万美元的价格出售，并想好了理由。

当他坐下来谈判时，内心深处仿佛有个声音在说："沉住气。"终于，买主按捺不住，开始滔滔不绝地对机器进行褒贬。

卖主依然一言不发。这时买主说："我们可以付您350万美元，一个子也不能多给了。"不到一个小时，买卖成交了。

在日常交往中，沉默往往会给你带来益处。在某些场合，沉默不语可以避免失言。许多人在缺乏自信或极力表现得礼貌时，可能会不假思索地说出不恰当的话给自己带来麻烦。

研究谈话节奏的学者们认识到，有张有弛的谈话在人际交往中至关重要。《谈话的艺术》的作者、心理学教授格瑞德·古德罗解释说："沉默可以调节说话和听讲的节奏。沉默在谈话中的作用就相当于零在数学中的作用。尽管是'零'，却很关键。没有沉默，一切交流都无法进行。"

正确的交流由两个方面构成：既被人关注，又关注别人。安静、专心地倾听会产生强大的魔力，使谈话者更加心平气和、呼吸舒畅，连面部和肩部都放松下来。反过来，谈话者会对听众表现得更加温和。

当你发怒、焦虑时，请你喝上一杯水或是双手紧握，然后露出你的微笑。这种简单的方法或许可以帮助你控制住情感。

记住了：言多必失，逢人只说三分话，未免是一种自保之路。

有时候沉默比说话更能说服人

有时候，不说话比说话更有说服的力量。例如当爱人处于极度悲痛之中时，搂她入怀，让她靠在自己的肩上痛哭，也许比任何口头的安慰都更有力量。当孩子闯了祸，一个关切与忧心的注视，或许更能让他下不为例。记得在一部反映美国独立战争的电影中，一场残酷的攻坚战将要在荒原上展开，所有的将士都知道这一仗将是无比凶险，将会有无数战友有去无回。将军最后一次检阅了他的部队。他从整齐的方阵前缓缓走过，眼里噙着泪水，注视着他眼前如他儿子般年轻的脸庞，似乎要将每一张脸都锲刻在脑海。这名将军自始至终没有说一句话，但他的举动震撼了每一个士兵的心灵。士兵们发出震耳欲聋的喊声："自由万岁！"然后在将军的挥手之下，如猛虎般朝敌军发起了冲击。在那场决定整个战争胜负的惨烈战役中，他们发起一次又一次的冲击，终于用鲜血换来了胜利。

——这就是沉默的力量！无声却胜有声的力量！它如大地，高山，黑夜，石头，平静的湖水等。在我们这个喧嚣繁闹的时代，很多人已经远离了沉默。他们认为，沉默会使别人把自己看得懦弱、害羞、卑微、愚蠢、平凡。其实，真正自信的人是沉默的。

有这样一段关于沉默的描述，墨子与公孙班探讨"非攻"之学问。

公孙班：我知道怎么对付你，但是我不说。

墨子：我也知道怎么来对付你，我也不说。

两个人用沉默来完成了心灵的碰撞，是一种智慧的较量。

说话的艺术，同时也包含不说话的艺术。西方有一句名言：聪明的人借助经验说话，而更聪明的人根据经验不说话。

在我国的佛教中，"沉默"具有其特殊的意义。当年文殊法师问维摩诘有关佛道之说时，维摩诘一言不发。维摩诘的沉默，在后来的禅师们看来"如雷声一样使人震耳欲聋"。这种"如雷的沉默"，犹如台风中心，看似无声无力，却是力量的源泉。如果我们抛开略显晦涩的禅宗教义，从老子的"大辩若讷"以及庄子的"不言而言"中，都可以感知古代先贤对于沉默的推崇。

值得指出的是，对"沉默是金"这句话当然也不应机械地去理解。什么都不表态，什么都保持沉默，并非一种积极向上的人生态度。成天板着脸，冷冰冰地让人难以靠近、难以捉摸，装酷或许可以，但不能酷得远离了生活。沉默要恰到好处。火候不足，内不足以修身养性，外不足以亲切感人；火候过老，显然已是身如槁木，心若死灰，又何来生趣呢?

总之，我们不能因为沉默而沉默，沉默不是终极目的。沉默的最终目的是把话说好，只有这样，沉默方才是金。

第四章
周旋的学问，挑战我们心中的假设

　　生活中，与人打交道，必须懂得一些处理人际关系的交际用语。当你遇到难题时，怎么说才能让问题迎刃而解，顺利达到你想要的结果？

"兜圈子"的说话艺术

在以前,心直口快的人都是被人们所称赞的,因为这样的人真诚、实在。但现在已经越来越不受欢迎了,因为有时候,直言快语后其效果并不佳,轻者损害人际关系的和谐,重者会因为心无城府而造成不少的麻烦,违背言语交际的初衷。所以,有时有意绕开中心话题和基本意图,采用"兜圈子"的说话方式,从不相关的事物、道理谈起,却常能收到较理想的交际效果。

请看下面的两个例子:

一天,某青年教师早早回家做了一锅红枣饭。妻子下班回来,端起碗,高兴地问:"这枣真甜啊,哪来的?"丈夫说乡下姨妈捎来的。妻子不无感慨地说:"姨妈想得可真周到啊,年年捎枣来!"丈夫说:"那还用说,我从小失去父母,就是姨妈把我抚养大的嘛!"妻子说:"她老人家这一生也真够辛苦的。"稍停,丈夫忽然叹了口气,说:"听捎枣的人说，姨妈的老胃病又犯了，我想……""那就接来呗，到医院好好治治。"不等丈夫把话说完，妻子说出了丈夫想说还未说出的话。

晚饭后，几位青年人去拜访某教授。谈到夜深，教授接着青年人的话题说："你提的这个问题很值得研究，明天我去 A 城参加一个学术会，准备就这个问题找几位专家一块儿聊聊。"几位青年立刻起身告辞："很抱歉，不知道您明天还要出差，耽误您休息了。"

第一个例子中，青年教师想接姨妈来城里治病，担心直接说出来，媳妇不一定会同意。于是采用了"兜圈子"的说话技巧，通过吃枣饭、忆旧情，营造一种适宜的氛围，然后再说姨妈生病，让妻子接过话题，说出接姨妈的话。这样言来语去，自然圆满，比直说高明多了。第二个例子中，教授因为第二天要出差，想早点休息，但碍于情面，又不好直言辞客，而是巧妙地接过对方话题，说出了第二天的安排，达到了辞客的目的，话语委婉得体而不失礼仪。由此看来，说话"兜圈子"，有时候确实是必不可少的，它能起到直言快语所不能起到的作用。

以上两个例子都不属于直言快语的说话方式，但说者礼貌，听者明白，也都达到了直言快语的效果。

著名语言学家王力先生也曾说过"兜圈子"是一种说话

的艺术。但"兜圈子"的说话方式也不是随便哪种场合都能用的。要正确运用这种艺术，首先要善于分辨言语交际的具体情况，做到当兜则兜，不当兜还是直说为好。言语交际中兜圈子主要有如下几种情况：

第一种，顾及情面，有些话不便直说。婆媳之间、恋人之间、亲家之间、朋友之间、客户之间等情感都是需要慢慢建立的，基础欠牢固，交往中双方都比较谨慎、敏感，言语中稍有差错，都会带来不快或产生误解、造成矛盾。

第二种，出于礼仪，有些话不便直说。中国是一个历史悠久的文明古国，素称"礼仪之邦"，具有文明礼貌的社交风尚。人们在言语交际中，十分注意话语的适切、得体。私人场合、知己朋友，说话可以直来直去，即使说错了，也无伤大雅。在公共场合，对一般关系的人，特别是晚辈对长辈、下级对上级、对待外宾，说话就要特别讲究方式、分寸。为了不失礼仪，说话就常需兜圈子。如上文第二个例子中那位教授的话，就与特定的交际场合、对象、自身的身份相称，实现了和谐沟通的目的。试想：如果直言相告明天去出差，改日再谈，虽可以达到辞客的目的，但会把对方置于较为尴尬的处境，这也有失教授慈祥、和蔼的一面。

第三种，将某件事情或某个意思直接挑明，估计对方一时难以接受，一旦对方明确表示不同意，再要改变态度，就困难多了。在这种情况下,为了强调事理,征服对方,就可以把基本观点、结论性的话先藏在一边,而从有关的事物、道理、情感兜起。待到事理通畅、明白,再稍加点拨,自能化难为易,达到说服对方的目的。上文第一个例子当中那位教师就是针对这种情况而兜圈子的。如果他直言接姨妈来城里治病,妻子不一定会同意。而通过吃枣饭、谈红枣、忆旧情,事理人情双关,形成了接姨妈的充分理由,水到渠成,所以不用自己讲,妻子就顺理成章地说出了他的心里话。

兜圈子在以上情况中是能产生一种含蓄委婉的语言表达效果,但含蓄委婉的话却并非全是兜圈子。兜圈子更不是猜谜语、说隐语,最终是要让对方理解自己的意思。如果兜来兜去,把对方引入迷魂阵,就不好了。再者,兜圈子这种说话艺术一定要慎用,当兜则兜,不然,兜之不当,会给人啰唆、虚伪之嫌,与交际目的相悖。

怎么才能巧妙化解尴尬

在生活中,我们不可避免地会陷入某些尴尬的境地:由于粗心大意给别人造成损失觉得对不起人家时,会感到尴尬;由于说话不得体弄得自己和他人都很难堪时,会感到尴尬;受到冷遇坐冷板凳时,会感到尴尬。总之,人在尴尬时,实在是左右为难,手足无措,甚至觉得无地自容,恨不得找个地缝儿钻进去。此时,如果能恰当地运用自嘲,就能帮你走出尴尬。自嘲,即自我嘲弄,表面上是嘲弄自己,但实际上却另有所指。交际中运用得好,就能让尴尬变成笑声,在笑声中展现出你非凡的智慧和人格魅力。

1. 盛情难却时,自嘲帮你妙回答

当有熟人因某事求你帮忙或者邀请你出席某个场合时,而你由于种种原因不能帮忙或出席。这时,运用自嘲的语言,既可表达自己的拒绝意图,又不至于伤了你们之间的感情,避免尴尬局面的出现。

有一次,和林肯关系非常要好的一位报界友人邀请林肯到一个编辑大会上发言,林肯并没有做过编辑,对编辑工作一无所知,所以出席这样的会议肯定是不合适的。但是直接拒绝友人又不太好,于是林肯给他的这位朋友讲了一个这样的小故事:"有一次,我在森林里遇到一个骑马的妇女,我停下来让路,可是她也停下来,目不转睛地盯着我看。她说:'我现在才相信你是我见过的最丑的人。'我说:'您大概讲对了,可是我又有什么办法呢?'她说:'是的,你生来这副丑相是无法改变的,但你还是可以待在家里不出来嘛!'"友人不禁为林肯的幽默"自嘲"而哑然失笑,同时也明白了林肯的意思,于是就不再勉为其难。林肯也就不用出席这次编辑大会了。

2. 谈判陷入僵局时,自嘲帮你以退为进

谈判陷入僵局,双方各自坚持自己的观点,难以达成一致意见。这种情况下,如果恰当地运用自嘲,以退为进,能收到意想不到的效果。

某蔬菜公司一位副科长到外地调运蔬菜,卖方想趁机捞一把,因而报价很高,双方的谈判眼看就要搁浅,这让副科长心急如焚。然而,为了稳住对方,他摆出一副无可奈何的

样子自嘲道:"其实,你们把我给看高了,我只不过是个小科长,还是个副的,手里能有多大的权力?再说,天气这么热,我花大价钱办一笔赔本的买卖,这个责任我担当得起吗?"他这一番"自嘲",既表明了自己在价格上的态度,又让对方感到在价格上使他让步是强人所难。于是,卖方不再坚持自己的要价,双方顺利完成了交易。

3. 遇到突发事件,自嘲帮你从容应对

在生活中,可能遇到一些突发事件,让你感到措手不及,一时不知道如何应对,陷入尴尬的境地。此时,如果你善用"自嘲",就能巧妙地化解尴尬。《伊索寓言》里有这样一则寓言:有个光头,为了遮羞,用别人的头发做了一顶假发戴在头上,骑着马出门。在路上,一阵风把假发吹落,人们看到他的秃顶全都捧腹大笑。光头不紧不慢地说道:"这头发本来就不属于我,从我头上掉下,又有什么好笑的呢?它不是也离开了原来的主人吗?"

在这段寓言中,主人公如果在头发被吹落后,手忙脚乱地跳下马,拾起假发,再戴到头上,那么只会让众人的笑声更大,他自己更是尴尬没面子。而光头运用诙谐自嘲的语言,巧妙地替自己解了围,顺便还调侃了下头发原来的主人,可谓是高明的说话方式了。

4. 遭遇窘境时，自嘲帮你体面脱身

当你面对突如其来的窘境时，生气动怒是不能帮你摆脱窘境的。此时，如果你能巧妙运用"自嘲"，就能体面地脱身。

有这样一则小故事：餐桌上盛龙虾的盘子里仅剩下最后一只龙虾，李志对它垂涎已久。可是，当他的筷子将要和龙虾亲密接触的一刹那，有一个不长眼的抢先一步夹走了它。此时，李志感到不知所措。这时，只见他用筷子轻轻地敲了敲那盘子，嘴里说道："请大家猜一猜，这盘子是不是景德镇出产的？"

这虽然是一段略带一些无厘头喜剧电影风格的台词，却给我们提供了一种思路，一种随机应变、用幽默的语言或者是略带夸张性的动作来解嘲的思路，不至于使人处在窘境中无法脱身。

5. 剑拔弩张时，自嘲帮你缓和矛盾

人与人之间摩擦无时不在、无处不有，这时候如果两个人针锋相对，互不相让，就容易引发矛盾和冲突。其实，遇到尴尬局面并不难办，只要记住六个字：既来之，则安之。人在尴尬时只要稳定情绪，从容应对，调动自己的人生智慧，

是会尽快走出尴尬的境地。如果确实是自己错了，不如主动诚恳地认错；如果是由于自己的举措不当或某些缺陷，受到别人的议论和讥笑，那不如开个玩笑，调侃一下，来个自我解嘲；如果是有人故意冷落自己或者对方不通情理，那就不如泰然处之，漠然置之。总之，要从容、镇静，不要纠缠于琐事之中。事情过后，也不要耿耿于怀、悔恨、羞愧，形成沉重的思想负担，甚至因而影响了健康。所以在日常交际中，当你学会了如何运用自嘲时，你也就掌握了化解尴尬、维护尊严和制造快乐的一种有效办法！

求人办事的"软磨硬泡"法

在求人办事的过程中，有时你怀着一片热心找到对方，对方能办，可就是找各种各样的借口和理由搪塞、推托和拒绝，搞得你无可奈何，无计可施。有些人面对这种情况，脸皮很薄，自尊心太强，经不住人家拒绝的打击。只要前进一受阻，他们就脸红，感到气恼，要么与人争吵，要么拂袖而去。看起来这种人很有几分"骨气"，其实这是过分脆弱的表现，导致他们只顾面子而不想方设法达到目的，这样于事业无益；但也有一部分不达目的誓不罢休的人，他们采用"软磨硬泡"法，友好地"赖着"对方的时间，"赖着"对方的情面，甚至"赖着"对方的地盘，不答应就是不撤退，不把事情办成就是不回头，搞得对方急不得、恼不得，最后不得不答应了他们的要求。他们这才鸣金收兵，胜利而归。

因此，我们在求人时，为了达到交际目的，有时脸皮不妨厚一点，碰个钉子，脸不红，心不跳，不气不恼，照样微笑与人周旋，只要还有一丝希望，就要全力争取，"软磨硬泡"。

"软磨硬泡"的特色是以消极的形式争取积极的结果，通过消耗彼此的时间和精力，给对方施加压力，从而达到影响对方态度和改变对方态度的目的。具体说来，软磨硬泡这种方法有如下几种小窍门：

1. 足够的耐心是"软磨硬泡"的前提和基础

当交际受阻出现僵局时，人们的直接反应通常是烦躁、失意、恼火甚至发怒，然而，这无助于问题的解决。你应理性地控制自己，采取忍耐的态度。一方面，忍耐所表现的是对对方处境的理解，是对转机到来的期待和自信。有了这种心境，你就能在精神上使自己处于强有力的地位，能够方寸不乱，调动自己全部的聪明才智，想方设法突破僵局，即使消耗一定的时间也在所不惜；另一方面，"软磨硬泡"消耗的是时间，而时间恰恰是一种武器。时间对谁都是宝贵的，人们最耗不起的就是时间。所以，如果你以足够的耐心，摆出一副"打持久战"的架势与对方对垒时，便会对对方的心理产生震慑。以"泡"对"拖"，足以促其改变初衷，加快办事速度。所以，你要沉住气，耐心地牺牲一点时间，反而可以争取到更多的时间。

2. "软磨硬泡"不仅要能"泡",还要会"泡"

换言之,"泡"不是消极地耗时间,也不是硬和人家耍无赖,而是要采取积极的行动影响对方、感化对方,促进事态向好的方向转化。

俗话说:"人心都是肉长的。"不管双方认识上的差距有多大,只要你善于用行动证明你的诚意,就会促使对方去思索,进而理解你的苦心,从固执的框子里跳出来,那时你就将"泡"出希望。

3. "软磨硬泡"中要适时巧言攻心

有时候你去求人,对方推着不办,并不是不想办,而是有实际困难或心有所疑。这时,你若仅仅靠行动去"泡",很难奏效,甚至会把对方"泡"火了,缠烦了,更不利于办事。如遇到这种情形,嘴巴上的功夫就显得十分重要了。要善解人意,抓住问题的症结,巧用语言攻心。话是开心的钥匙。当你把话说到点子上时,就会敲开对方心灵的大门,那么你的"软磨硬泡"也就真正起到了作用。

运用这种说服法,需要有坚韧的性格才行,内坚外韧,对一度的失败绝不灰心,找机会反复地盯上门去,必然会如愿以偿。需要注意的是,运用此法要有分寸,超过限度,伤害了对方的感情，反而会适得其反。所以要谨慎处理，以不过度为限。软磨硬泡是办难事的一种特殊手段，之所以特殊是因为这一手段如果用好了可以打动对方，一旦用不好也能将事情搞砸。因此，如何在对方的耐心所能承受的最大限度内加以运用，使对方不致产生厌恶之心，是软磨硬泡的重要一环。

很多事情往往就在于能不能坚持下去，坚持下去就会成功。这就需要放下自己的颜面，即使软磨硬泡又何妨。

"谢谢"并不仅仅是客套话

"谢谢"不仅仅是礼貌用语,也是人们沟通心灵的桥梁。"谢谢"这个词似乎极为普通,但运用恰当,会产生无穷的魅力。

首先,说"谢谢"时必须有诚意,要发自内心。这样,对方才不会感到是一种应酬的客套话。

其次,说"谢谢"时要认真、自然、直截了当。不要含糊地咕噜一声,更不要怕别人知道你在道谢而不好意思。

第三,说"谢谢"时应有明确的称呼,通过称呼被谢人的名字,使你的道谢专一化。如果感谢几个人,最好要一个个向他们道谢,这样会在每个人心里引起反响和共鸣。

第四,说"谢谢"时要伴随适当的肢体动作。头部要轻轻点一点,目光要注视着你要感谢的人,而且要伴随着真挚的微笑,这样在对方心里引起的反响会更强烈。

第五,说"谢谢"时要及时注意对方的反应。对方对你的感谢感到茫然时,你要用简洁的语言向他道出致谢的原因,这样才能使你的道谢达到目的。

道谢是为了表达感激之情,如果因为你的道谢而让对方感到不自在,便违背了本意。

道谢不能给被谢者添麻烦,因此道谢要考虑到时间、地点和对方的特点。比如,被谢者不希望局外人知道自己帮了你,你就应尊重对方的意愿。如果恰巧在大庭广众遇见对方,只能含蓄地表示谢意,或者可借握手之机用热情有力的动作来表示。也可以说:"张先生,我有一点小事想同您单独说几句。"借此离开人群找个合适处再道谢。

对他人的道谢要答谢。答谢在措辞上要注意以下几点:

(1) 帮助合乎情理,不足称谢。"老兄,为你出点力是应该的,有什么可谢的呢?""我们同事之间,今天我帮你,明天你帮我,这是很正常的事嘛。""跟我还要道谢?你可不要见外。"

(2) 表示不为自己增添多少麻烦。"一点小事,何足挂齿。""我自己也需要,不过捎带一下而已。""举手之劳,您别放在心上。"

(3) 恰如其分地表示不安的心情。"您快别这么说,我都有点不好意思了。""瞧,我被您说得快脸红了。""这么重的礼,我受之有愧。"

办事交谈过程中的七大禁忌

求人办事，最能验证一个人的社交能力，尤其是语言表达能力。口才出色的人，三言两语便能收到水到渠成之效；而言语木讷的人，吞吞吐吐半天，也难以打开公关之门。从某种程度上说，求人办事的成败，取决于一个人的语言功力。有了良好的口才，合适的话语，就能打动人，好口才是任何人求人办事的第一法宝。相反，即使有良好的口才，如果不懂得灵活运用，也不能起到良好的效果。那么办事过程中的语言交谈有哪些忌讳呢？

1. 忌大话

生活中常常见到有的明明是主动找上门来求人，但为了顾全自己的脸面和维护个人的声誉，在介绍情况时，故意把大事化小，难题化易。有的还加上几句"像这样的问题我本来是完全可以解决的，只是由于种种客观原因，所以只好求你帮忙"之类的冠冕堂皇的话,这样求人是没有好结果的。应如实讲明目前所处的困境和自己无力解决的实际情况,恳切地提出需要帮助的请求。

2. 忌争辩

你喜欢和人争辩,是否以为你可以用争论压倒对方,就会得到很大的益处呢?其实,你不必压倒对方。即使对方表面屈服了,你也一点好处得不到。好争辩会损害别人的自尊心,因而对方会对你产生反感,你也会因此失掉一些朋友。好胜是大多数人的特点,没有人肯自认失败,所以一切争辩都是不必要的。如果能够常常尊重别人的意见,你的意见也必被人尊重。如此,你所主张的,就会很容易得人拥护。你可以实现你的主张,你可以左右别人的计划,但不是用争辩的方法来获取。

3. 忌质问

用质问式的语气来谈话,是最易伤感情的。许多夫妻不睦,兄弟失和,同事交恶,都是由于一方喜欢以质问式的态度来与对方谈话所致。除遇到辩论的场面,质问是大可不必的。如果你觉得对方的意见不对,你不妨立刻把你的意见说出,何必一定要先质问,使对方难堪呢?有些人爱用质问的语气来纠正别人的错误，这足以破坏双方的感情。被质问的人往往会被弄得不知所措，自尊心受到大大的打击。尊重别人，是谈话艺术必需的条件，把对方为难一下，图一时之快，于人于己皆无好处。你不想别人损害你的尊严，你也不可损伤别人的自尊心。

4. 忌挑理

千万不要故意与人为难，有的人专门喜欢表示自己与别人意见不同。这种处处故意表示自己与别人看法不同的人和处处随声附和的人一样，都是不老实的。口才是帮助你待人处世的一种方法，没有人愿意做一个口才很好却到处不受欢迎的人。不要为了表现你的口才，而到处逞能，惹人讨厌，口才一定要正确而灵活地表现出来。

5. 忌虚伪

对于你不知道的事情，不要冒充内行。不懂装懂是一种不老实、自欺欺人的行为，你知道多少，就说多少，没有人要求你做一本百科全书。即使一个很有学问的人，也必有所不知。所以，坦白地承认你对于某些事情的无知，这绝不是一种耻辱，相反，别人会认为你的谈话有值得考虑的价值，因为你不虚伪，没有吹牛。

6. 忌直白

对方谈话中不妥当的部分，固然需要加以指正，但妥当的部分也需要加以赞扬，对方会因你的公平而心悦诚服。改变对方的主张时，最好能设法把自己的意思暗暗移植给对方，使他觉得是他自己在修正，而不是由于你的批评。对于那些无可挽救的过失，站在朋友的立场，你应当给予恳切的指正，而不是严厉的责问，使他知过而改。纠正对方时，最好用请教式的语气，用命令的口吻则效果不好。要注意保护或激励对方的自尊心。

7. 忌炫耀

别对陌生人夸耀你的个人生活，如你个人的成就、你的富有或是你的儿女如何了不起。不要在公共场合把朋友的缺点和失败当成谈话的资料。不要老是重复同样的话题，不要到处诉苦和发牢骚，诉苦和发牢骚并不是一种良好的争取同情的手段。

宽容和尊重才是最好的相处方式

1863年7月，盖茨堡战役打响。在敌军陷入了绝境时，林肯下令给米地将军，要他立刻攻击敌军。但米地将军迟疑不决，用尽了各种借口，拒绝出击。结果，敌军顺利逃跑了。

林肯勃然大怒。他坐下来给米地将军写了一封信，表达了他的极度不满。但出乎常人想象的是，这封信林肯并没有寄出去。

在林肯逝世后，人们在一堆文件中发现了这封信。也许林肯设身处地地想了米地将军当时为什么没有执行命令，也许他想到了米地将军见到信后可能产生的反应，米地可能会与林肯辩论，也可能会在气愤之下离开军队。

木已成舟，把信寄出，除了自己一时痛快以外，还有什么作用呢？

尖锐的批评和攻击，所得的效果都是零。成功的经验告诉我们：学会宽容和尊重，才能更好地与人相处。

这天，丈夫回到家，发现屋里乱七八糟，到处是乱扔的玩具和衣服，厨房里堆满碗碟，桌上都是灰尘……他觉得很奇怪，就问妻子："发生什么事了？"妻子回答："平日你一回到家，就皱着眉头对我说：'一整天你都干什么了？'所以今天我就什么都没做。"

好指责就如同爱发誓，实在不是一种好习惯。你伤害别人也会伤害你自己，别人不舒服你也不会舒服。

不要指责他人，并不是说放弃必要的批评。这里的原则是要抱着尊重他人的态度，以对方能够接受的方式来批评。

一家工厂的老板，这天巡视厂区，看到几个工人在库房吸烟，而库房是禁止吸烟的。他没有马上怒气冲冲地对工人们说："你们难道不识字吗？没有看见禁止吸烟的牌子吗？"而是稍停了一下，掏出自己的烟盒，拿出烟给工人们，并说："请尝尝我的烟！不过，如果你们能到屋子外去抽的话，我会非常感谢的。"工人们则不好意思地掐灭了手中的烟。

我们喜欢责备他人，常常是为了表现自己的高明。有时，也有推卸责任的目的。我们谦虚一些，严格要求自己，这对自己只有好处，绝无坏处。

在你想责备别人这不是那不是时，请马上闭紧自己的嘴，对自己说："看，坏毛病又来了！"这样，你就可以逐渐改掉喜欢责备人的坏习惯。

有的人只相信自己，不相信别人，让人避而远之；有的人总喜欢严厉地责备他人，使对方产生怨恨，不觉中使彼此的沟通难以进行，事情也办得一团糟。成功人说，只有不够聪明的人才批评、指责和抱怨别人。

在交涉场合中，往往有些人会不顾及别人的面子，当众指出你的不足与缺点，使你手足无措，陷入尴尬的境地。面对这种情况，你可以运用以下几种方法应对：

1. 请难应变法

当你处于窘境之时，可以反问对方一个问题，让对方来回答，从而把对方和听众的注意力都转移到你提出的问题上，这就是请难应变法。

2. 有意曲解法

在与人交涉的过程之中，当你遭到恶意攻击并陷入难堪境地时，你可以抓住对方语言中的某个词或某句话，进行有意曲解，这样做既可以脱离窘境，还可以用来嘲讽对手。

被人当场指责实在是让人难堪至极，若和对方针锋相对地去争辩，也会有失风度。你若故意曲解对手的话语，不但让对手苦不堪言，自己也可以体面地下台。

3. 超常想象法

在与人交涉中,当你因做错事或说错话而受到对方的指责时,若一味地去狡辩,只会影响你的形象。此时,你应发挥超常想象,在困境中展示你的才智和应变能力,将问题转移。

受到客人指责时,简单道歉或辩解是不能迅速化解客人心中的不满情绪的。发挥超乎常人的想象,始终避开正面交锋,并借助偶然的因素所造成的失误构成某种歪曲的推理,可以有效淡化客人的不满。

4. 逆向释因法

面对对方的攻击,如果你能借用对方的说理和推理方法反向攻击,便能从困境中解脱出来。从相反的方向攻击,可以轻而易举地制服对方。

5. 歪问歪答法

与人交涉时,若顺着对方问话老老实实地作答,有时就会陷入对方设置好的陷阱。所以,针对对方提出的怪问题,你不妨来个歪问歪答,巧妙过关。

多讲小故事，少说大道理

海尔的创始人张瑞敏曾说："我常想：《圣经》为什么在西方深入人心？靠的就是里面一个个生动的故事。推广某个理念，讲故事可能是一种方式。"《会讲才会赢》一书的作者彼得·古博则讲得更加直接："数据、幻灯片或堆满数字的表格，并不能激发人们采取行动。打动人的是情感，而要使人们对你设置的议程产生情感联系，最好的方式便是以'很久以前'开头。"

如果你认为只有在孩子睡觉前才需要讲故事，那可就大错特错了。那些世界上鼎鼎有名的公司老板，都钟情于讲述引人入胜的故事这项独特的艺术。

乔布斯最擅长讲故事，马云、俞敏洪也是当之无愧的故事大王。

乔布斯在斯坦福大学做演讲时，只说了3个故事，却让台下听众如饮甘露。

马云喜欢说小时候如何"矮穷矬",智商还很低,数学学不会。

俞敏洪则讲故事说自己是"北大最不可能成功的人",当年多么土鳖,多么不受女同学待见。

作为世界十大最受尊敬的知识型领导、世界最出色的200位管理大师之一的斯蒂芬·丹宁,曾这么说:"经过多年的研究和实践,我发现讲故事能够达到多种目的,包括激发行动、展示自我、传播价值观、鼓励协作、消除谣言、分享知识和勾画未来等。"他享有"故事大王"的美誉,不仅善于讲故事,而且极力推崇领导者应通过讲故事的方法提高领导力。

丹宁的观点已被知名企业的领导阶层所普遍接受。为使管理人员掌握绘声绘色讲故事的技巧——

IBM管理开发部专门请来在好莱坞有15年剧本写作和故事编辑经验的剧作家担任顾问,向管理人员介绍好莱坞的故事经验;

宝洁公司聘用好莱坞电影导演,培训高管如何更好地讲故事;

耐克公司的每个新员工要听一小时的公司故事,所有高管都被称为"讲故事的人";

3M公司禁止罗列要点,而是要求在行文中"以战略方式叙事"——领导者战略上指导的故事；

……

为什么他们那么钟情于讲故事？

与趾高气扬地发号施令和苦口婆心地讲道理相比，讲故事的方式更容易被人接受。故事能在你与听众之间，迅速建立一种情感上的联系。人们在听故事的时候会放松精神，享受其中的乐趣，并且会放下戒心。因而，故事更能触动人的内心。

下次，当需要诠释公司文化时，需要解决问题和决策时，需要纠正与指引员工行为时，需要推动企业变革时，需要制定策略规划时，需要提升自身形象时，不妨用一个生动的故事，巧妙地将思想传递给下属。

1. 讲什么样的故事

诺尔·迪奇是美国密歇根商学院的教授、全球领导力项目主任、通用电气公司克罗顿韦尔领导力发展中心的前任主席，他归纳出企业领导常用的3种故事类型。

第一类故事叫"我是谁"。通过讲述自己感人的经历和成功的经验，和下属进行心灵上的共鸣，并激发员工的积极性。

从小时候看父亲捡砖头，到他苦哈哈的高考炼狱，再到北大屌丝的自卑寂寞，俞敏洪的故事总是给人启示、催人奋进。一次在谈到领导力时，他讲了一个有趣的故事：

小时候我个子小，老有人打我，领导力是从分水果糖开始的。六姨从城里带来的水果糖，我就分给小朋友吃，他们就不打我了。后来改一个月分一次，一次一颗糖，他们就都听我的话了，我就成了小朋友的头，没人再敢欺负我。我把这些全用在新东方的管理上了。我感觉我的领导力是在18岁以前就完成了。新东方现在有新股份就会分给员工和老师，因为有新的利益要学会跟别人分享，要团结大多数人和不和谐的声音做斗争。

你是谁？你来自哪里？你有什么经历？你想干什么？通过了解"你"的故事，员工们不只是把你视为一位上司，还会把你当作一个很好的朋友，愿意与你风雨同舟。

第二类故事是"我们是谁"。通过讲述"我们"的故事，激发团队协作精神，促使全体员工心往一处想，劲往一处使。

惠普公司在创建50周年之际，聘请专家在公司上下收集了100多个企业故事，其中《惠利特与门》流传最广：

惠利特是惠普公司的创办人之一，一天他发现通往储藏室的门被锁上了，于是惠利特把锁撬开，在门上留下了一张便条，上面写着"此门永远不再上锁"。

这个故事告诉所有惠普人：惠普是重视互信的企业。说

"我们"的故事，能够增强团队凝聚力。

第三类故事是"我们向何处去"。通过描述美好未来，勾画现实和梦想的差距，激发公司员工实现梦想的热情。

福特汽车曾经改变了美国乃至全世界的生活方式，其创始人亨利·福特在这一过程中最喜欢讲的故事是——"使每一个人都拥有一辆汽车"：

有一天，我开车经过底特律市郊，看到路边一位车主正为抛锚的福特车苦恼。

于是，我下车去帮忙，很快就把车子的问题解决了。

车主看见车子修好了，很高兴，立刻从身上掏出五美元给我。他说："拿去买包雪茄吧！"

我说："我不缺钱，我很乐意帮你把车修好！"

没想到车主指着我的座驾，笑着说："别吹牛了，你要是不缺钱，何必像我一样开着福特车到处跑呢？"

我听了，并不觉得生气。因为我最大的梦想就是要让美国人都买得起车——哪怕他并不富有。

梦想具有力量，让人变得上进、坚强，不达目的誓不罢休。梦想给予力量，让人变得更坚强。眼中的光芒充满了希望，是对未来的渴望……不断挑战自己，再大风雨都不能停。攀最高山顶才有最美的风景！

2. 如何成为故事大王

（1）充实故事库

有句老话叫"熟读唐诗三百首，不会作诗也会吟"。讲故事也是如此，先从熟读故事开始。

如果你的大脑里装了很多故事，你需要时就可以信手拈来。慢慢地，你就能自己改编与创作故事了。

怎么才能记得住呢？博闻强记的林肯告诉我们一个方法，那就是读书时高声朗诵。他说："当我高声诵读时有两种功能在工作：第一，我看见了我所读的是什么；第二，我的耳朵也听见了我所读的是什么。因此，我可以很容易地记忆。"

（2）故事要生动有趣

同样一则故事，有的人讲得生动有趣，而有的人却讲得干巴巴的。前者让听众兴致盎然，后者让听众索然无味。

要把故事讲得生动有趣，除了选择或编写有意义的、情节生动的故事之外，还要重视语言表达的技巧。譬如如何用生动的语言讲好故事的引子，如何用巧妙的语言设下悬念，牵动听众的心，如何做精彩的描述并配合肢体语言，把人物神采风貌栩栩如生地再现在听众的眼前，等等。这类技巧，可以向别人学习，多收听广播，多读报刊上连载小说等，从中可得到借鉴或启发。

用自身经历说服对方

一般来说，自己亲身经历的事，或自己为之感动的事最具说服力和感染力。许多人从电视上看过抗洪英雄事迹报告会，英雄们声泪俱下的演讲不但感动得现场听众流下热泪，也感动了电视机前的观众。

英雄们之所以那么激动，是因为他们亲身经历了那一场生与死的搏斗，并亲眼看见、亲身体验、感受到了抗洪军民的伟大抗洪精神，他们的激动是发自内心的，所以他们的演讲是最感人的。

可见，一个好的说服者，往往会把自己亲身经历的事例变成演讲的素材，为听众现身说法，因为亲身经历的事例最真实、最有说服力，因而也就更能打动人。

我们看看白岩松是如何演讲的：

2008年6月7日是高考的日子。在震后临时组建了都江堰第四中学，央视主持人白岩松应邀为这批推迟考试的学生加油鼓劲儿。他还发表了一篇精彩的演讲：

同学们，今天，你们比全国其他地区的考生都提前考了一门功课——如何面对磨难和突如其来的打击，而且大家都得了高分。不管你们是在高三，还是在将来的人生道路上，磨难和突如其来的打击，永远都是一门功课。在我8岁的时候，父亲去世了。10岁的时候，从小带我的爷爷去世了。当时，妈妈带着我和哥哥相依为命。我们家在东北一个很偏远的小城，冬天，大家知道东北有多冷，我们家最高温度是零上5℃。由于生活窘迫，安不上自来水，每天要去200米之外的地方挑水，我11岁就开始干这个活儿。当苦难和打击已经过去之后，回过头来看，这些情景都会带有一种温暖的颜色。我相信很多年之后，你们再回忆起这样一个临时组成的班级、学校，还有一起面对苦难的同学们，你们会觉得，回忆中更多的是温暖，而不是眼前的痛苦。我相信，如果没有这场地震，高考的时候，可能家长都会在校门口等你们，上大学的时候，他们会送你们。有了这场地震，相信你们不会了，你们已经学会了自己去成长，自己去前进。你们比同龄人又更快地更好地向前跑了一步，你们比他们已经有了更多的优势，不是吗？

白岩松的演讲获得了阵阵的掌声，说服了在场的很多同学。白岩松演讲的成功，就在于他在演讲中现身说法，大谈自己曾经的苦难，当谈及幼时失去亲人的痛苦与感悟，让在地震中失去亲人的同学们深有同感。

我们再看另一篇演讲：

2008年4月16日，有着"当代福尔摩斯""华裔神探"美誉的著名国际刑侦专家李昌钰博士，来到某大学为同学们作了一场题为《使不可能成为可能》的演讲。他以自己的亲身经历对大家讲道：

有很多人认为我生下来就立志做一名刑侦专家。其实我跟大家讲，我中学的时候希望长大了能打篮球，做个篮球明星。但是后来发现自己没有姚明的遗传因子，所以就选择了警察职业。1965年，我刚到美国时，只有50美元，只会讲几句简单的英文，但想到只要自己努力就有成功的机会。于是每天努力工作，我一直坚信要知难而上，知其不可而为之，这样才能够成功，才能够使不可能变成可能。

后来，我便一边打工一边读书，在兼职3份工作的情况下，我以两年半时间修完了四年大学课程。今天很多朋友为什么要去念书呢？我说人生就好像搭火车一样，进大学的训练就等于取得一个火车的月台票，拿了月台票并不能保证你就成功了。最后上哪一班车，往哪一个方向，今后自己的发展还是要靠自己做决定。但是假如你没有一个学校的文凭，你连上车的机会都没有。

所以很重要的就是我们要不断地学习。……在美国，有人说，一个中国的小警员怎么可能拿到博士学位？怎么能做教授、科学家？而我经过努力，后来都做到了，成为最好的鉴识主任和美国首位州级华裔警政厅长，亲历8000多起离奇要案的侦破调查。……其实，人的一生就是一次漫长的滑坡过程。你仔细想想我们的人生是有高有低的，在高的时候不要骄傲，在低的时候不要气馁，很重要的是要定一个目标。所以，我的一辈子实际上只做了一件事，那就是把不可能变成可能！

李昌钰讲完后，台下掌声如雷。在演讲中，李昌钰在台上讲发生在自己身上的故事，将自己早年在国外求学和工作所积累的成功经验，如实地讲给同学们听，不仅增加了演讲的说服力和可信度，还拉近了和听众的距离。

因此，在说服过程中，为了能够有效说服听者，可以结合自己的亲身经历向听众现身说法，这比在台上空谈理论效果更明显，这是一种说服听者的好方法。

第五章
拒绝的艺术，正确应对棘手的交谈

说"不"与说"是"，是人际语言家族中一对难兄难弟，它们时而和平相处，时而打得头破血流，时而握手言和，时而反目成仇，演出了一幕幕是是非非的历史悲喜剧。

拒绝别人的艺术

在你日常的工作和生活中，很可能会遇到这样的情形：一个品行不良的熟人来缠住你，非要向你借钱不可，但你知道，如果借给他便是肉包子打狗有去无回；一个相熟的生意人向你兜售物品，你明知买下了就要吃亏。诸如此类的事你必须加以拒绝，可是拒绝之后，有可能被人误会，甚至埋下仇恨的种子。

在德国某电子公司的一次会议上，公司经理拿出一个他设计的商标征求大家意见。

经理说："这个商标的主题是旭日，这个旭日很像日本的国徽，日本人见了一定乐于购买我们的产品。"

营业部主任和广告部主任都极力恭维经理的构想，但年轻的销售部主任说："我不同意这个商标。"

经理听了感到很吃惊，全屋的人都瞪大眼睛盯住他。

销售部主任没有同经理争论那个带红圈圈的设计是否雅

观，而是说："我恐怕它太好了。"

经理感到纳闷，脸上却带着笑说："你的话我难以理解，解释来听听。"

"这个设计与日本国旗很相似，日本人喜欢。然而，我们另一个重要市场中国的人民，也会想到这是日本国旗，就不会产生好感，这不是同本公司要扩展对华贸易计划相抵触吗？这显然是顾此失彼了嘛。"

"天哪，你的话高明极了！"经理叫了起来。

向有权威的人士表示反对或拒绝，你一定要有充分的理由，还要注意技巧。销售部主任先用一句"我恐怕它太好了"抚平了经理的不快，使他不失体面，后面更以充分的理由，提出反对意见，经理也就不会感到下不了台了。

不论是工作上的需要，或是私人的交往，男人们有时会邀请女人共同赴宴。但多半女子都会适度地保持矜持，拒绝赴宴。

既然要拒绝对方的邀请，在言辞上自然要下一番功夫。但心地善良的你，很可能因此左右为难，不知如何开口。倘若对方是平日一同工作的同事，一旦拒绝，那么以后的工作势必增加许多困难。

有这样一个例子：有位男子对一位女同事说："欢迎你一同参加。"说着便将音乐会的入场券递给她。这时，这位女子很想拒绝他的邀请，于是顺手从皮包里拿出记事本，打开看了看说："谢谢你的好意，不过很抱歉，今天我已和别人有约了。"就这样婉言拒绝了对方。

还有一则有趣的故事。有位男子邀请某女子一同饮茶用餐，而那女子却非常机智地回答对方："我非常高兴，谢谢你，但是不是可顺便邀请小王和小张一同前往？因为我们原来约好下班后要一同逛街的。"这样一来，对方不是知难而退，就是大家共进晚餐了。

当我们无法直接拒绝别人时，不妨编一个足以使对方信服的理由，使对方不再坚持自己的意愿。

下面是几种不失礼节的拒绝方式：

1. 以友好、热情的方式拒绝

一位作家想同教授交朋友。作家热情地说："今晚我请你共进晚餐，你愿意吗？"不巧教授正忙于准备学术报告会的讲稿，实在抽不出时间。于是，他亲热地笑了笑，带着歉意说："对你的邀请，我感到非常荣幸，可是我正忙于准备讲稿，实在无法脱身，十分抱歉！"他的拒绝是有礼貌而且令人愉快的，但又是那么干脆。

2. 避免只针对对方一人

某造纸厂的推销员上某单位推销纸张。推销员找到他熟悉的这个单位的总务处长，恳求他订货。总务处长彬彬有礼地说："实在对不起，我们单位已同某国营纸厂签订了长期购买合同，单位规定不再向其他任何单位购买纸张了，我也应按照规定办。"因为总务处长讲的是任何单位，就不仅仅针对这个造纸厂了。

3. 让对方明白你是赞同的

王女士在民航售票处担任售票员工作，她时常要拒绝很多旅客的订票要求。王女士总是带着非常同情的心情对旅客说："我知道你们非常需要坐飞机，从感情上说我也十分愿意为你们效劳，使你们如愿以偿。但票已订完了，实在无能为力，欢迎你们下次再来乘坐我们的飞机。"王女士的一番话，叫旅客们再也提不出意见来了。

委婉拒绝都有哪些技巧

直言拒绝，有时自己感到过意不去，也令对方感到尴尬。这就需要采用一些巧妙委婉的拒绝方式，既表达了自己的愿望，又将对方失望与不快的情绪控制在最小范围内，不影响彼此之间的感情。

委婉拒绝需要讲究艺术，那么委婉拒绝都有哪些技巧呢？

1. 暗示拒绝

通过身体姿态或非直接的语言把自己拒绝的意图传递给对方。当想拒绝对方继续交谈时，可以转动脖子、用手帕拭眼睛、按太阳穴以及按眉毛下部等。这些动作意味着一种信号：我较为疲劳、身体不适，希望早一点停止谈话。显然，这是一种暗示拒绝的方法。此外，微笑的中断、较长时间的沉默、目光旁视等也可表示对谈话不感兴趣、内心为难等心理。也可以是语言暗示，如："找我有什么事吗？我正打算出去。""还要给你添点茶吗？"等，从而间接表达了拒绝的愿望。

2. 转换话题

对方提出某项事情的请求，你却有意识地回避，把话题引到其他事情。这样，既不会使对方感到难堪，又可逐步减弱对方的企求心理，达到委婉谢绝的目的。

在日本有这样一个故事，很能给人启发：

一位名叫宫本的青年去拜访山田先生，想将一块地产卖给他。

山田听完宫本的陈述后，并没有做出"买"或者"不买"的直接回答。而是在桌子上拿起一些类似纤维的东西给宫本看，并说："你知道这是什么东西吗？"

"不知道。"宫本回答。

"这是一种新发现的材料，我想用它来做一种汽车的外壳。"山田详详细细地向宫本讲述了一遍。山田先生共讲了15分钟之多，谈论了这种新型汽车制造材料的来历和好处，又诚诚恳恳地讲了他明年的汽车生产计划。山田谈的这些内容宫本一点也听不懂，摸不着头脑，但山田的情绪感染了宫本，他感到十分愉快。在山田送他时他顺便说了一句：不想买那块地。

山田的高明之处在于他没有一开始就回绝宫本。如果那样，宫本就一定会滔滔不绝地劝说他买那块地。而山田采取了回避的态度，把话题引到其他地方，没有给他劝说的时间，在结束谈话时拒绝，不失为高明之法。

3. 先肯定后否定

对对方的请求不是一开口就说"不行"，而是表示理解、同情，然后再据实陈述无法接受的理由，获得对方的理解，让对方自动放弃请求。

赵亮和张谦是大学同学，赵亮这几年做生意虽说挣了些钱，但也有不少的外债。两个人毕业后一直无来往，忽一日赵亮向张谦提出借钱的请求，张谦很犯难，借吧，怕担风险；不借吧，同学一场，又不好张口。思忖再三，最后张谦说："你在困难时找到我，是信任我，瞧得起我，但不巧的是我刚刚买了房子，手头一时没有积蓄。你先等几天，等我过几天账结回来，一定借给你。"

4. 引荐别人，转移目标

实事求是地讲清自己的困难，同时热心介绍能提供帮助的人。这样，对方不仅不会因为你的拒绝而失望、生气，反而会对你的关心、帮助表示感谢。

马老师是五年级一班的班主任，她的独生子今年又中考，负担挺重。恰巧班上新转来一名学生，课程落下一段，学生家长很信任马老师，想请马老师为孩子补补课。马老师腾不出身，很不好意思，对家长说："真对不起，我实在有点腾不出身来。这样吧，我有个小侄女刚毕业分到某小学工作，让她帮助补一补可以吗？"家长听了非常高兴。

5. 缓兵之计

对方提出请求后，不必当场拒绝，可以采取拖延办法。你可以说："让我再考虑一下，明天答复你。"这样，既使你赢得了考虑如何答复的时间，又会使对方认为你是很认真对待这个请求。

刘源一心想当一名记者，于是想从学校调到某报社工作，她找到了她小学老师的丈夫——某报社孙总编。孙总编知道报社现在严重超编，但又不好直接拒绝，于是对刘源说："刚刚超编进来一批毕业生，短期内社里不会研究进人的问题了，过一段时间再说吧。"孙总编没说这事绝对不行，而是以条件不利为理由，虽然没有拒绝，但为后来的拒绝埋下了伏笔。

职场中如何巧妙说"不"

上班族在工作中,总要面对同事、客户与主管许多要求,有时碍于公司规定或是工作负荷,必须拒绝。但在生活中,没有人喜欢被拒绝。因此拒绝时先不要急切、直接地表达自己的立场与处境。轻则影响往后的合作与相处,重则让人觉得你不够大方。降低拒绝产生的负面效应,需要技巧。

面对同事和客户时,我们应该这样做——

1. 先倾听,再说"不"

当你的同僚或客户向你提出要求时,他们心中通常也会有某些困扰或担忧。拒绝之前先要倾听。倾听有好几个意义,倾听能让对方先有被尊重的感觉,在你婉转表明自己拒绝的立场时,也会避免伤害他的感觉,否则让人觉得你在应付。

比较好的做法是,请对方把处境与需要讲得更清楚一些,自己才知道如何帮他。接着表示你了解他的难处。如果你的拒绝是因为工作负担过重，倾听可以让你清楚地界定，对方的要求是不是你分内的工作，或者是不是包含在自己目前重点工作范围内。

2. 委婉表达拒绝

倾听的另一个好处是，你虽然拒绝他，却可以针对他的情况，建议如何取得适当的支援。若是能提出有效的建议或替代方案，对方一样会感激你，甚至在你的指引下找到更适当的支援，反而事半功倍。

当你开始说"不"的时候，态度必须是温和而坚定的。好比同样是药丸，外面裹上糖衣的药，就比较让人容易入口。

同样地，委婉表达拒绝，也比直接说"不"，让人容易接受。

当对方的要求不合乎公司或部门规定时，就委婉地表达自己的权限，让他清楚自己工作的职责，以及耽误工作会对公司与自己产生怎样的冲击。

对方若是因为你的拒绝，表现出愤怒的态度时，你不需要立刻回应，而多用同情心来缓和他的不满。

3. 多一些关怀与弹性

有时候拒绝是一个漫长的过程，对方会不定时提出同样的要求。若能化被动为主动地关怀对方，并让对方了解自己的苦衷与立场，可以减少拒绝的尴尬与影响。当双方的情况都改善了，就有可能满足对方的要求。例如保险业者面对顾客要求，自己却无法配合时，这种主动的技巧更是重要。

上述的拒绝过程中，除了技巧，更需要发自内心的关怀。若只是敷衍了事，对方其实都看得到。这样子有时更让人觉得你不是个诚恳的人，对人际关系伤害更大。

常常会遇到这样的情况：老板叫你干一件事，你马上应承下来，即使这件事不该你做，或超出了你的能力范围。也许是慑于老板的压力，也许是出于其他的某种考虑，你往往不会去拒绝。

其实，在生活中，我们应该学会对老板说"No"。我们应该这样做——

1. 工作任务重

当上司把大量工作交给你时，你可以请求上司帮你定出先后次序："我有3个大型计划，10个小项目，我应先处理什么呢？"只要上司懂得体会你的意图，自然会把一些细枝末节的工作交给别人处理。

2. 对新任职务不感兴趣

当上司器重你并将你连升两级，但那职务并不是你想从事的工作时——你可以表示要考虑几天，然后慢慢解释你为何不适合这工作，再给他一个两全其美的解决方法："我很感激您的器重，但我正全心全意发展营销工作，我想为公司付出我的最佳潜能，集中建立顾客网络。"正面的讨论，可以使你被视为一个注重团体精神和有主见的人。

3. 因个人原因，未能应付额外工作

告诉上司你的实际情况，然后保证会尽力把正常的事务处理好，但超额的工作则不能应付了。上班时你要全力以赴，表现极高的工作效率，假如你在家庭出现危机时仍能完成工作，上司会觉得你很敬业。

4. 对规定的工作期限有异议

当老板定下"疯狂"的工作期限时，你只需解说这项工作内容的繁重，并举例说明同样的工作量将需要老板规定的限期的几倍，给老板一定的考虑和决断的时间后，再要求延期。假若限期真的铁定不改，那就请求聘请临时员工。上司可能欣赏你的坦率，你可能被认为既对完成计划有实际的考虑，又对工作有一种积极的态度；不少上司都表示会晋升那些可以准确估计完成工作时间的员工。当然倒霉的时候也有，那就是被视为低效率。

5. 不想按上司的意图做非法之事

当上司要求你做违法的事或违背良心的事时，平静地解释你对他的要求感到不安，你也可以坚定地对上司说："你可以解雇我，也可以放弃要求，因为我不能泄漏这些资料。"如果你幸运，老板会自知理亏并知难而退；反之，你可能授人以柄。但假若你不能坚持自身的价值观，不能坚持一定的准则，那只会迷失自己，最终还会影响工作的成绩，以致断送自己的前途。

拒绝也要选择正确的时机

学会拒绝的艺术,既可减少许多心理上的紧张和压力,又可使自己表现出人格的独特性,也不致使自己在人际交往中陷于被动,生活就会变得轻松、潇洒些。

你曾经被人拒绝过吗?当下是觉得释然,还是难堪呢?一个好的主管,一个能干的人才,不轻易拒绝别人;即使拒绝,也要有替代,因为要懂得"拒绝的艺术"。

如何拒绝他人?在什么情况下可以拒绝别人?怎样做才能使自己不做违心的事,而又不影响友谊呢?拒绝的艺术,这的确是人际交往中一个至关重要的问题。一般来说下列情况应考虑拒绝:

(1)违背自己做人的原则。

(2)不符合自己的兴趣爱好。

(3)违背自己的价值观念。

(4)可能陷入关系网。

(5)有损自己的人格。

(6)助长虚荣心。

(7)庸俗的交易。

(8)违法犯罪的行为。

习惯于中庸之道的中国人,在拒绝别人时很容易产生一些心理障碍,这是传统观念的影响,同时,也与当今社会某些从众心理有关。不敢和不善于拒绝别人的人,实际往往得戴着"假面具"生活,活得很累,而又丢失了自我,事后常常后悔不迭;但又因为难于摆脱这种"无力拒绝症",而自责、自卑。其实,学会拒绝的艺术并不困难,下面这些方法是常用的:

(1)谢绝法:对不起,谢谢,这样做可能不合适。

(2)婉拒法:哦,是这样,我还没有想好,考虑一下再说吧。

(3)不卑不亢法:哦,我明白了,可是你最好找对这件事更感兴趣的人吧,好吗?

(4)幽默法:啊!对不起,今天我还有事,只好当逃兵了。

(5)无言法:运用摆手、摇头、耸肩、皱眉、转身等身体语言和否定的表情来表明自己拒绝的态度。

(6)缓冲法:哦,我再和朋友商量一下,你也再想想,过几天再决定好吗？

（7）回避法：今天咱们先不谈这个，还是说说你关心的另一件事吧……

（8）严词拒绝法：这可不行，我已经想好了，你不用再费口舌了！

（9）补偿法：真对不起，这件事我实在爱莫能助了，不过，我可帮你做另一件事！

（10）借力法：你问问他，他可以作证，我一向干不了这种事！

（11）自护法：你为我想想，我怎么能去做没把握的事？你让我出洋相啊。

当我们对别人有所要求，或者与人沟通的时候，如果对方都能爽快地承诺，我们必定心生欢喜；如果对方一再刁难，这个不行，那个不好，我们一定会感到此人顽固，不通人情，不好合作。

拒绝要有代替，因为拒绝是令人难堪的事！所以我们应该要学会拒绝的艺术。例如，不要立刻拒绝，不要轻易拒绝，不要生气拒绝，不要随便拒绝，不要无情拒绝，不要傲慢拒绝。

如果真是不得不拒绝的时候，也要注意维护对方的尊严。例如语言要婉转、态度要和善，最好面带微笑，让对方了解你的真诚、你的善意。

此外，拒绝时，如果能够有另外的替代方案，例如部属要求安装冷气，至少你可以给他一台电风扇；朋友希望你送她一盆玫瑰花，至少你可以送她一盆蔷薇。能够有替代、有出路、有帮助的拒绝，必能获得对方的谅解。

人与人之间，若能凡事多为他人着想，多给别人留一些余地、一些包容、一些方便，少一份拒绝、少一点难堪，必能赢得别人的尊敬。反之，一个人如果总是轻易地拒绝一些因缘、机会，久而久之自然就会失去一切。因此，做人不要轻易拒绝别人，而要能随顺因缘，如此必能拥有更多学习、成长的机会。

不轻易拒绝别人，肯给别人多一些因缘，自己会获益更多！

怎么才能拒绝不合理的邀请

快下班的时候，李杰接到了好友张刚的电话，张刚请求李杰再帮忙写一个新方案给客户，客户已经催了他好几次了，而他实在没时间。最近因为谈女朋友的关系，张刚常常这样请李杰帮忙做方案。

沉浸于爱河的张刚是李杰在公司里关系比较好的同事之一，以前他们在业余的时间常常一起去打球、游玩，李杰挺喜欢张刚的洒脱和率真。所以一个月前当张刚一脸兴奋地谈到他交往了一个女孩子的时候，李杰毫不犹豫就答应了帮他干点活，给张刚更多的时间去"谈朋友"。可是一个月下来，李杰发现自己越来越不快乐，他发现自己已经厌倦了总是替他做事。可是怎么拒绝好呢？他觉得很难说出口。

办公室里的同事，需要相互帮助的时候很多，在力所能及的情况下，我们帮助同事是非常必要的，这样做也会给我们带来很多的益处，如良好的人际关系和高效的工作。但也有一些人，会提出一些不合理的要求，那么怎么办呢？

我们常常害怕或者不愿意拒绝别人的要求，因为我们害怕失去与他们良好的关系。所以在面对同事的不合理要求的时候，我们常常感到为难。

实际上，当我们没有学会灵活地拒绝他人的时候，虽然表面上我们是答应了他们的要求，可是实际上，在我们的内心会积累许多的怨气。而怨气的积累，会让我们自己痛苦，并且反过来有一天会影响我们与其他人的交往。所以，学会积极的沟通技巧，学会合理表达自己的感觉和说出自己的需要，对我们很重要。

拒绝是一门艺术，它最核心的原则就是无论用什么样的方法，一定要让对方感受到你的真诚和善意，从而获得理解，达到共识。通常情况下，先不要急于表达，认真的提问和倾听可以帮助你理解他为什么会这么做，而不至于让自己很快产生不必要的情绪，影响交谈。当你理解了他的要求时，表达出你对他友好的愿望，然后再让他理解你的想法和需要，告诉他你之所以不能这样做的理由。如果你们在某些问题上有分歧，需要你坚定但友善地告诉他你的想法，并让他看到你的坚持。

表达友好和善意是我们拒绝别人时最重要的原则，它可以帮助我们建立更适宜和恰当的人际关系。在这个前提下，可以灵活使用各种方法,有时候可以找一个小借口或者介绍其他人帮他找到解决之道。

在阿富汗民间故事里有一则题为《谨慎的智者》的小故事。

有一天,帕夏把智者叫来,对他说:"智者,你的智慧大家都知道,我任命你担任本城的法官。"这个智者对这个差事不感兴趣,就回答说:"伟大的帕夏,这个职务我不能胜任。"帕夏问:"为什么呢?"智者答道:"如果我说的是真话,那就不应任命我为法官;如果我在撒谎,难道就任命一个撒谎的人当法官吗?"

这位谨慎的智者实际上是不想做本城的法官,他说"这个职务我不能胜任"不管是否谦虚,其逻辑判断显示的是不能当;如果他在撒谎,那么一个撒谎的人也不能当法官。于是,从两边挟制,得出"我不能当"的结论,轻松推辞了帕夏的邀请。

爱惜自己的人格，勇于说"不"

在一个春寒料峭的下午，一家外企的门前。

通往公司大门的高高的台阶下，停着一辆豪华轿车。一位长得挺帅的中国小伙子（大约是秘书）侧身一旁，一手拉开车门，另一只手护在车门楣上，恭恭敬敬地立着。一位身形高大的外国人在钻到车门楣下时，猛地起身用脑瓜往上一顶，那位秘书的手背上立即流出鲜血……这显然是蓄意的，但是那位小伙子却诚惶诚恐地问道："总经理，您没事吧？"

"我没事，你呢？"

"您没事就好！您没事就好！"那位中国小伙子如释重负，十分优雅地将受伤的那只手背到身后，用另一只手再次护在车门楣上，依旧温文尔雅地微笑着说："请！"

"慢！"

就在总经理坐进车子时，一位小姐从公司的玻璃门后冲了出来。她的一只高跟鞋在冲下台阶时甩掉了，于是她极快地踢掉另一只，三步并作两步冲到车前，一下子拽开车门，以不容商议的口气说："总经理先生，请您下车！"

这位身材适中而窈窕的小姐，光着一双脚站在车门前，僵持了几秒钟后，那位外国人只有顺从地钻出了汽车。

这时，小姐转过身来，一把抓住那位秘书的手，从衣兜里抽出一条手绢，迅速地包扎着……鲜血仍在流淌，浸透了手绢，小姐又从裙兜里掏出另一条手绢，精心地、一层一层地包裹上去……因为工作的关系，她在这春寒料峭的春天穿得十分单薄：上身一条丝质衬衫，下身一件黑色及膝短裙和长筒丝袜。

秘书只好羞愧地垂下头。

小姐又转过身面对那位高大而卑鄙的总经理，严正地说道："您有责任送他到医院医治！"

"是的，是的。"外籍总经理只得连声说。

总经理的专车只有抛下总经理载着伤者飞驰而去。

那位小姐在同事遇到故意伤害时表现出来的，是一种勇气和人格的力量。

人格问题是一个古老而又崭新、普遍而又现实的问题。那么，什么是人格呢？我以为用简单的话来讲，人格就是做人的资格和为人的品格的总和。它是对人的思想和行为进行道德评价的一个概念，是人在一定社会中地位和作用的统一。

人格是评价人们道德行为的标尺。人们往往以人格的高低来综合评价一个人的德行如何。这种评价一般包括三个方面：为人的态度是否正直诚实；待人的态度是否忠实信义；处事的态度是否公道。

如果我们从我国的文明史的发展中进一步考察，就会发现人格还有更深层的含义，人们常常把气节视为人格最重要的因素，视为人格构建中的一块基石。然而，人格有优劣之分，有高低之分，不是吗？有的人豁达大度，有的人则小肚鸡肠；有的人勤劳勇敢，有的人则懒惰怯懦；有的人积极进取，有的人则自暴自弃；有的人一心为公，有的人则损公肥私；有的人主持正义，有的人则颠倒黑白……这就告诉我们，在我们每个人面前，都面临着一个人格的选择问题。一个人选择了符合时代和人民要求的人格模式，就会走向成功，走向幸福，走向美好的未来；选择了错误的人格模式，就会走向失败，走向痛苦，走向不幸的未来。

社会实践是铸造人格的熔炉。一个人的人格是在社会实践中形成的，一个人人格的高低也只有通过实践来体现。因而，我们要注意在实践中培育、优化自己的人格，让自己的所作所为留下人格的烙印。

我们的人格，还体现着国家的人格。在我们中华民族的历史上，每当侵略者践踏祖国神圣国土的时候，我们的人民大义凛然，舍生取义，显示了捍卫祖国自由独立而宁死不屈的、顶天立地的伟大国格。

人格是一个人的无价之宝，是任何代价都不能换取的。请记住：在任何情况下，我们都要珍重自己的人格，让高尚的人格与我们共存！

"不"也可以不明说

"不"字是很难说出口的,但很多时候我们不得不去拒绝别人。许多人都苦于找不到合适的办法,其实通过暗示来说"不"是一种不错的选择。当然这种暗示可以是语言的暗示,也可以是身体动作的暗示。

美国出版家赫斯托在旧金山办第一张报纸时,著名漫画大师纳斯特为该报创作了一幅漫画,内容是唤起公众来迫使电车公司在电车前面装上保险栏杆,防止意外伤人。然而,纳斯特的这幅漫画完全是失败之作。发表这幅漫画,有损报纸质量;但不刊这幅画,怎么向纳斯特开口呢?

当天晚上,赫斯托邀请纳斯特共进晚餐,先对这幅漫画大加赞赏,然后一边喝酒,一边唠叨不休地自言自语:"唉,这里的电车已经伤了好多孩子,多可怜的孩子,这些电车,这些司机简直不像话……这些司机真像魔鬼,瞪着大眼睛,专门搜索着在街上玩的孩子,一见到孩子们就不顾一切地冲上去……"听到这里,纳斯特从座椅上弹跳起来,大声喊道:"我的上帝,赫斯托先生,这才是一幅出色的漫画!我原来寄给你的那幅漫画,请扔入纸篓。"

赫斯托就是通过自言自语的方式,暗示纳斯特的漫画不能发表,让纳斯特欣然地接受了意见。

例如,一天,为了配合下午的访问行程,小王想把甲公司的访问在中午以前结束,然后依计划,下午第一个目标要到乙公司拜访。但是,甲公司的科长提出了邀请:"你看到中午了,一起吃中饭吧?"

小王与甲公司这位科长平常交情不错,又是非常重要的客户,不能轻易地拒绝。但是,和这位爱聊天的科长一起吃中饭,最快也要磨蹭到下午一点才能走。小王怎样才能不伤和气地拒绝呢?

答案就是在对方表示"要不要一起吃饭"之前,小王就不经意地用身体语言表示出匆忙的样子:说话语速加快或自然地看看表等。但记住:这种时候千万不要提早露出坐立不安的神情,急得让人怀疑你合作的诚心。

所以,一定要学会一套巧妙的暗示拒绝法,在短时间内表达出"不"的意思,把正事办妥,并且做到不伤和气地拒绝。

拒绝也要顾及对方尊严

拒绝别人时,要顾及对方的尊严。因为自尊之心,人皆有之。人们一旦投入社交,无论他们的地位、职务多高,成就多大,他们无一例外地都关心外界对自己的评价。由于来自外界评价的性质、强度和方式不同,人们会相应地做出不同反应,并对交际过程及其结果产生积极或消极的影响。通常的规律是:尊之则悦,不尊则哀。也就是说,当得到肯定的评价时,人们的自尊心理得到满足,便会产生一种成功的情绪体验,表现出欢愉乐观和兴奋激动的心情,进而"投桃报李",对满足自己自尊欲望的人产生好感,采取积极的合作态度,交际随之向成功的方向发展。反之,当人们不受尊重,受到不公正的评价时,便会产生失落感、不满和愤怒情绪,进而出现对抗姿态,使交际陷入危机。

顾及对方的尊严是拒绝别人时必不可少的注意事项,有这样一个例子:

某校在评定职称时,由于高级职称的名额有限,一位年龄较大的教师未能评上。他听说了这一消息后就向一位负责职称评定的副校长打听情况。副校长考虑到工作迟早要做,便和这位老教师促膝交谈。

校长:哟,老×,什么风把你给吹来了?

老师:校长,我想知道这次评高级职称我有希望吗?

校长:老×,先喝杯茶,抽支烟。我们慢慢聊,最近身体怎么样?

老师:身体还说得过去。

校长:老教师可是我们学校的宝贵财富,年轻教师还要靠你们带呢!

老师:作为一名老教师,我会尽力的。可这次评定职称,你看我能否……

校长:不管这次评上评不上,我们都要依靠像你这样的老教师。你经验丰富,教学也比较得法,学生反映也挺好。我想,对于一名教师来说,这一点,比什么都重要,你说呢?

老师:是啊!

校长:这次评职称是第一次进行,历史遗留的问题较多,可僧多粥少,有些教师这次暂时还很难如愿,要等到下一次。这只是个时间问题,相信大家一定能够谅解。但不管怎样,我们会尊重并公正地评价每一位教师,尤其是你们这些辛辛苦苦工作几十年的老教师。

老教师在告辞时，心里感觉热乎乎的，他知道自己这次评上的希望不大，但由于自身得到了别人的尊重，成绩受到了别人的肯定，他能接受那样的结果。用他对校长的话讲："只要能得到一个公正的评价，即使评不上我也不会有情绪的，请放心。"

这位校长可谓是顾及别人尊严的典范，如果开始他就给这位老教师泼一桶冷水，那么后果就不堪设想了。

在社交场合上，无论是举止或是言语都应尊严他人，即使在拒绝别人的时候也要顾及对方的尊严。也只有这样，才能赢得别人的尊重。